智無止境

《道德经》名句今悟

敬人 著

青岛出版社

序

近两年来，时常收到敬人兄发来的“每周一句老子曰”，是他研读《道德经》的摘句和感悟，读之慧智明理，获益良多。敬人兄是我的老友，他长期从事中国改革发展政策研究制定和经济管理工作，又有在中央、地方政府和事业单位工作的经历。工作之余潜心于诸子百家著作，尤其对《道德经》研读弥深。寸积铢累、集腋成裘，今天我们看到的这本《智无止境——〈道德经〉名句今悟》是他近年来研读《道德经》所悟、所思之结集，可喜可贺！

老子《道德经》是中国道家思想的经典，版本很多，历代注疏评批版本卷帙浩繁，但纵观前贤，对老子思想的研究也随着时代的变换和发展而不断产生新的解读。敬人兄作为改革开放的亲历者、实践者，且具有现代经济管理理论的素养，他不以学究式的思维，拘泥于《道德经》概念的究酌，而是以多年工作实践，对《道德经》进行以实践为前导、以体验为注脚、“知行合一”式的个性化解读。《智无止境——〈道德经〉名句今悟》没有停留在学者专家们“坐而论道”的层面上，而更注重观古思今、学以致用，字里行间体现了实践者的思辨与真知。这种与时俱进的、接地接气的感悟与解读令人耳目一新。

《道德经》的思想核心是由“道”衍生出来的，所谓

“人法地，地法天，天法道，道法自然”，道就是自然规律，是宇宙万物运行发展的总则。同时，老子的思想又具有深刻的辩证思维，强调物极必反、盛极必衰，即“反者道之动”，自然万物及社会人事都顺应自然之道，相互依存，相互制约，变化发展。

《智无止境——〈道德经〉名句今悟》的特色首先是选句。书中所选的九十五条名句都比较精短，摘其要而言其理，着重从做人、做事、管理乃至治世的角度选取，体现了作者作为研究者、管理者的视角和价值取向，具有现实感和时代感，这是很值得称道的。而本书的精彩和闪光之处是“今悟”，作者于此着力最多。这是在阅读融会了大量《道德经》注疏版本之后，结合工作实践之所感所悟。如对“处无为之事，行不言之教”“上善若水，水善利万物而不争”“有之以为利，无之以为用”“知止可以不殆”等等的“今悟”，文字精练，直抒精义，通俗易懂。其中许多新的观点都切中实际，特别是“今悟”以警句和短句的形式阐述《道德经》所蕴含的思想智慧，如道法自然的哲学观点、上善若水的人生态度、无为而治的治世思维、知止不殆的处事方法等等，都具有联接历史、关照现在、启示未来的奥义。我想，这应该是《智无止境——〈道德经〉名句今悟》与众不同的亮点所在，也是对《道德经》哲学思想时代解读的新意所在。

《道德经》是译成外文版本最多、在世界范围内备受重视的中国经典。尼采说，《道德经》像一个永不枯竭的井泉，满载宝藏，放下汲桶，唾手可得。国外哲学家、科学家对《道德经》的高度评价，足以说明《道德经》思想的世界性影响和普遍价值。做人做事把握老子思想，会使人们更加自律文明；发展经济运用老子思想，会使经济成长行稳致远；企业管理融会老子思想，会激发员工潜力和投资者积极性；治理社会借鉴老子思想，会促进政治、经济、社会、文化、教育、科技、生态协调发展。在目前全球政治利益错综复杂、经济发展相互依赖的大环境下，作为中国古老的哲学智慧，《道德经》思想的再发掘、再研究、再认识，对构建人类和谐社会、世界经济可持续发展、国家长治久安都有广泛而深远的现实意义。

古今名贤、专家学者对《道德经》的解读历来是“仁者见仁，智者见智”，而敬人兄的《智无止境——〈道德经〉名句今悟》不失为一本颇具真知灼见的简明读本，值得一读。

是为序。

梅建平

2019年2月

自　序

“如果你读了诸子百家的书，你就会像变了一个人。”这是多年前我的一位毕业于北大哲学系的朋友鹏毅先生向我推荐诸子百家书籍时说的话。的确，中国古代先贤们深邃的思想、精辟的语句令人折服，特别是老子《道德经》（又称《老子》或《道德真经》）的“天道”“自然”“无为”“知止”“虚静”“有无”等闪耀着智慧之光的思想令人叹为观止。王蒙先生指出，老子像智库主宰，也更像哲学家、祖师爷、战略家。清末思想家魏源说：“《老子》之书，上之可以明道，中之可以治身，推之可以治人。”初读《道德经》使我领略了思想大师的真正含义和古老智慧的万钧之力。

近年来，我在每周六将读《道德经》名句的感悟，以短信或微信的形式发送给友人，虽然只是当作周末问候，但“每周一句老子曰”还是得到了许多师友的鼓励，认为这对于弘扬中华优秀传统文化、分享先哲的思想和智慧不无裨益。

当今，人类掌握的科学技术已经远远超越古人，互联网、人工智能和生命科学等新技术迅猛发展的大时代已经到来。但是，今人所拥有和运用的智慧，还很难说超过了两千多年前春秋战国时代的诸子百家。可喜的是，近年来优秀传统文化复兴，崇尚读书的社会氛围日渐浓郁。现将我研读《道德经》的感悟结集出版，重温先哲的生命智慧，以使精神世界更加充实，思想方法多一些思辨，日常行为多一点儿“正能量”，这是出版本书的初衷。

本书的正文采用了名句原文、注释、译文和今悟的体例形式，以方便读者阅读。

关于名句：林语堂先生说：“老子的隽语，像粉碎的宝石，不需要装饰便可以自闪光耀。”全书选取了《道德经》中其理深刻、其意简明、其文优美的95个名句来抒发感悟。

关于注释：以《古代汉语词典》、“百度百科”和相关《道德经》读本等为据，选取与文中意思相关的注解为释。

关于译文：《道德经》虽五千言，但博大精深。据《老子集成》记载，自战国以来关于《老子》的传本和注疏本有数百种，而心得感悟更不计其数。《道德经》名句的译文，参考了多种解读《道德经》读本，加上本人的理解和修辞编译而成。主要参考了中华书局的《老子道德经注》、商务印书馆的《老子今注今译》、凤凰出版社的《崇贤善本道德经》和上海古籍出版社的《老子——民族的大智》等。

关于今悟：“今悟”是本书的重点和特色。“今悟”二字取自九思先生的“清言小议”，怀往感今，阐思述理。本书并非研究《道德经》的专著，也不是对《道德经》全文的翻译注释，而是对《道德经》部分名句的感悟。依学者言，充其量也就是不求甚解的“通人读法”。自《道德经》诞生以来，历朝历代多有研究、注释和解读。不同时代的解读都会留有不同时代的烙印，一千个人阅读就会有一千种感悟，这正是《道德经》的深奥和精妙之处。采用“今悟”的方式解读则来得更具现实感，更有灵活性，这会让人插上自由想象和感悟的翅膀。体会在“今”，表达于“悟”。“今悟”是作者读《道德经》的感悟，再加上对过往人生经历的体会。

经典传统文化是人类社会进步的源头活水。学无止境，知无止境，这正是我们文化自信的底蕴所在。写作此书的过程，确是一个对《道德经》不断加深认知和体会的过程，也是一个令人愉悦和享受的过程。如果本书中有几条“今悟”能够吸引读者的目光，能够引发读者的思考，能够引起读者特别是青年朋友对大智老子的兴趣，本人将欣乐之至。

最后，我想告诉读者本书实为“手机版”。因为相当大部分文字是在手机上拟就的，这也算是传统文化拥抱未来的尝试吧。

敬人

2019年初春于北京

目　录

039 / 古之善为士者，微妙玄通，深不可知。

041 / 致虚极，守静笃。

043 / 万物并作，吾以观复。

045 / 归根曰静，静曰复命。

047 / 知常曰明。不知常，妄作，凶。

049 / 见素抱朴，少私寡欲。

051 / 人之所畏，不可不畏。

053 / 曲则全，枉则直，窪则盈，敝则新，少则得，多则惑。

055 / 不自见，故明；不自是，故彰；不自伐，故有功；不自矜，故长。

057 / 夫唯不争，故天下莫能与之争。

059 / 飘风不终朝，骤雨不终日。

061 / 从事于道者，道者同于道，德者同于德，失者同于失。

063 / 企者不立，跨者不行。

065 / 人法地，地法天，天法道，道法自然。

067 / 重为轻根，静为躁君。

069 / 轻则失本，躁则失君。

071 / 善行无辙迹，善言无瑕谪。

073 / 圣人常善救人，故无弃人；常善救物，故无弃物。是谓袭明。

075 / 不贵其师，不爱其资，虽智大迷。

077 / 知其荣，守其辱。

079 / 是以圣人去甚，去奢，去泰。

081 / 师之所处，荆棘生焉；大军之后，必有凶年。

083 / 知止可以不殆。

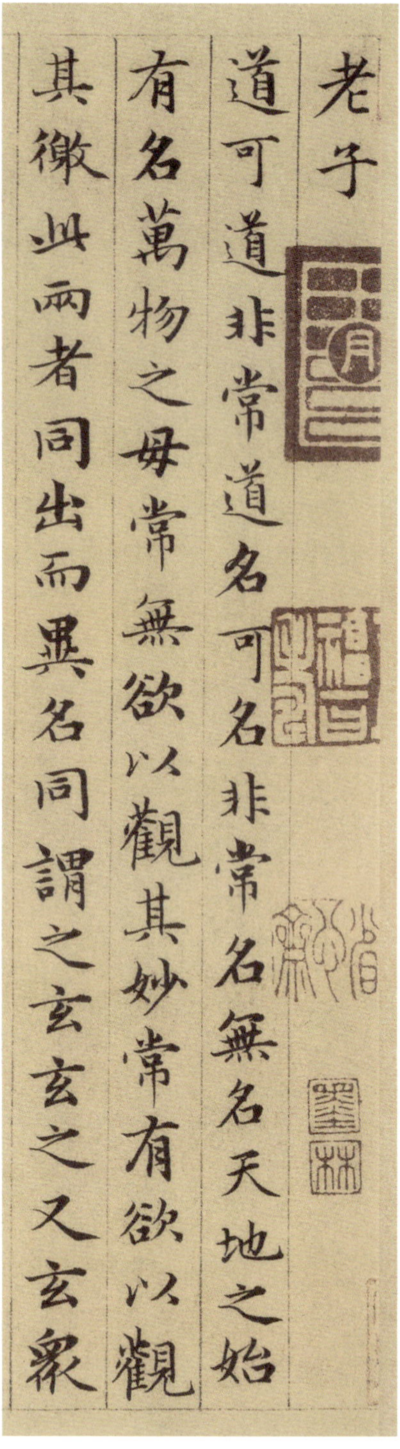
老子
道可道非常道名可名非常名無名天地之始
有名萬物之母常無欲以觀其妙常有欲以觀
其徼此兩者同出而異名同謂之玄玄之又玄衆

元代　赵孟頫　小楷《道德经》

道可道，非常道。名可名，非常名。

——《道德经》第一章

〔注 释〕

道：道理，真理，规律，法则（第一个“道”）；解说，表述（第二个“道”）。常：永久的，固定的。名：名称，事物特质（第一个“名”）；说明，描述（第二个“名”）。

〔译 文〕

可以用语言表述的道，就不是永恒的道。可以用文字描述的名，就不是永恒的名。

〔今 悟〕

“道”是老子哲学的专有名词和核心概念。老子所说的“道”是不可言状的，可以理解为道德、道理、道路，也可以理解为宇宙之本、万物之宗、自然规律、社会法则。正如《道德经》开篇所言“道可道，非常道”，可以用言语表述的“道”，不是永恒的、普遍的“道”。大朴不雕，大道至简，我们权且把老子之“道”理解为万千世界的自然规律吧。

妙之門

天下皆知美之爲美斯惡已皆知善之爲善斯不善已故有無之相生難易之相成長短之相形高下之相傾音聲之相和前後之相隨是以聖人處

天下皆知美之为美，斯恶已。皆知善之为善，斯不善已。

——《道德经》第二章

〔注 释〕

斯：那么，就。恶：丑，丑陋。

〔译 文〕

天下人都能认知美，那么丑的概念就产生了。天下人都能认知善，那么恶的概念就出现了。

〔今 悟〕

崇美向善是人类的共同追求，并已形成了审视自然美和社会美的标准。江河湖海、高山、丘陵、平原等绮丽壮观的地理景致是美；春、夏、秋、冬绚丽多彩的四季更替是美；亭、台、楼、阁、宫、殿、廊、榭等典雅古朴的传统建筑是美；琴、棋、书、画、诗、花、酒、茶等意境悠然的人生雅趣是美。但绝不可忽视人类怦怦跳动着的心灵之美。有爱心，能包容，多真诚，再丑亦美；无爱心，不厚道，少诚信，再美亦丑。

無為之事行不言之教萬物作而不辭生而不
有為而不恃功成不居夫唯不居是以不去
不尚賢使民不争不貴難得之貨使民不為
盜不見可欲使心不亂是以聖人之治也虛其心實

有无相生，难易相成。

——《道德经》第二章

〔**注 释**〕

成：形成，成为。

〔**译 文**〕

有和无相对而产生，没有有就没有无。难和易相伴而形成，没有难就无所谓易。

〔**今 悟**〕

“有无相生，难易相成”，这是矛盾论的思想基础。它揭示了事物都是有中生无、无中生有的，都是相生相成、对立统一的，有和无、难和易矛盾的双方也是可以相互转化的。

其腹弱其志強其骨常使民無知無欲使夫知
者不敢爲也爲無爲則無不治矣
道沖而用之或不盈淵乎似萬物之宗挫其銳
解其紛和其光同其塵湛兮似若存吾不知

处无为之事，行不言之教。

——《道德经》第二章

〔**注 释**〕

处：决断，处理，处置。

〔**译 文**〕

以无为的理念处理世事，用超越语言的不言方式教化人。

〔**今 悟**〕

“无为”即顺其自然，“不言”即不发号施令。“处无为之事”并非不作为，而是不做违背自然规律和人类本性的事，不折腾，不妄为。“行不言之教”也并非不施教，而是贵在身教，重在行表。处理世事，遵循客观规律，适时适度顺势而为；教化世人，身教胜于言教，潜移默化示范引导。

其誰之子象帝之先
天地不仁以萬物為芻狗聖人不仁以百姓為芻
狗天地之間其猶橐籥乎虛而不屈動而愈
出多言數窮不如守中

生而不有，为而不恃，功成而弗居。

——《道德经》第二章

〔**注 释**〕

生：生育，养育。恃：依靠，依仗。弗：不。居：据有。

〔**译 文**〕

生养万物而不据为己有，培育万物而不恃为己能，功成名就而不居功自傲。

〔**今 悟**〕

“生而不有，为而不恃，功成而弗居”，看似讲的是行为方式，其深层含义却是讲人生哲学。依老子意，“不有”“不恃”“不居”，可以理解为应有不有，可恃不恃，能居不居，清淡平柔，一切尽在自然。对于今人凡人而言，虽然效法很难，但也应知难而进。

谷神不死是謂玄牝玄牝之門是謂天地根
緜〻若存用之不勤
天長地久天地所以能長且久者以其不自生故
能長生是以聖人後其身而身先外其身而身

功成而弗居。夫唯弗居，是以不去。

——《道德经》第二章

〔注 释〕

弗：不。是以：所以，因此。

〔译 文〕

建立功勋而不以功臣自居。正因为有功劳而不居功自傲，所以功绩不会泯灭。

〔今 悟〕

有功而不居功，有贡献仍保持低调。主观上是一种美德，是一种境界；客观上其功名业绩历久弥新，其人格品德令人崇敬。

存非以其無私耶故能成其私

上善若水水善利萬物而不爭處衆人之所惡故幾於道居善地心善淵與善人言善信政善治事善能動善時夫惟不爭故無尤矣

为无为，则无不治。

——《道德经》第三章

〔注 释〕

治：治理，亦指天下太平。

〔译 文〕

以无为的理念涉世，以顺其自然的态度做事，就没有做不到、办不好的事情。

〔今 悟〕

老子讲的“无为”既不是消极回避、无所作为，也不是胡作非为、肆意妄为，而是道法自然、顺势而为。“无为”是道家思想的精髓，“为无为，则无不治”是道家治国理念的核心。它给予今人的重要启示是：只有秉持无为的理念，按照自然规律办事，才可以实现经济繁荣、社会进步、长治久安之目的。

持而盈之不如其已揣而銳不可長保金玉滿
堂莫之能守富貴而驕自遺其咎功成名遂
身退天之道
載營魄抱一能無離乎專氣致柔能如嬰兒

道冲，而用之或不盈。

——《道德经》第四章

〔**注 释**〕

道：法则，规律，道德，道义。冲：虚，空虚。盈：满。

〔**译 文**〕

道是虚幻无形的，但它的作用是无穷无尽的。

〔**今 悟**〕

作为自然规律的道，虽然虚幻无形，看不见摸不着，但却具有天然的、强大的、不可抗拒的力量。而今社会亦应依道而行，顺应人的解放、社会进步、生态和谐这个天道，立法成典，修法成行，守法成尚。这是国家和社会的稳固之基、兴旺之本、长久之利。

乎滌除玄覽能無疵乎愛民治國能無為乎
天門開闔能無雌乎明白四達能無知乎生之
畜之生而不有為而不恃長而不宰是謂玄德
三十輻共一轂當其無有車之用埏埴以為器

多言数穷，不如守中。

——《道德经》第五章

〔**注 释**〕

数：屡次。穷：困境，行不通。守中：保持内心虚无清静。

〔**译 文**〕

言多必失，不如保持内心虚无清静。

〔**今 悟**〕

沉默是金，开口是银。多言不一定主动，寡语不一定被动。未经深思熟虑而表态，容易使人陷于被动。言多言寡，难在守中。同理，政多必繁，令多必乱。政令频出，会使人无法执行；政策多变，会使人无所适从。施政宜一语中的，一以贯之，一抓到底。

當其無有器之用鑿户牖以爲室當其無有
室之用故有之以爲利無之以爲用
五色令人目盲五音令人耳聾五味令人口爽
馳騁田獵令人心發狂難得之貨令人行妨是

天地所以能长且久者，以其不自生，故能长生。

——《道德经》第七章

〔注 释〕

天地：地球，宇宙，自然界。以：因为。

〔译 文〕

自然界之所以能够长久，是因为它不是为了自己的存在而自然地运行，所以能够天长地久。

〔今 悟〕

万物同生共长、相互依存，是自然界得以长久延续的原因所在，这值得自然界中的人类思考和效法。完美人生不仅为一己美满生活而自得其乐，也不仅为薪火相传而修身齐家，还要回馈自然、奉献社会、立德建功，这样将俯仰无愧于天地。

以聖人為腹不為目故去彼取此
寵辱若驚貴大患若身何謂辱寵為下得
之若驚失之若驚是謂寵辱若驚何謂貴大
患若身吾所以有大患者為吾有身及吾無身

非以其无私邪，故能成其私。

——《道德经》第七章

〔**注 释**〕

私：私下，私人，私利。

〔**译 文**〕

不正因为他不自私吗？所以能够成就他自己。

〔**今 悟**〕

“非以其无私邪，故能成其私”的要旨在于利他就是利己。只要付出，只要奉献，不重小利而求大义，在关爱他人、贡献社会的同时，就自然而然地成就了自己。

吾有何患故貴以身爲天下若可寄天下愛以
身爲天下若可託天下
視之不見名曰夷聽之不聞名曰希摶之不得
名曰微此三者不可致詰故混而爲一其上不

上善若水。水善利万物而不争。

——《道德经》第八章

〔注 释〕

上善：最完美，尽善尽美。

〔译 文〕

最完美的品行就像水一样。水善于滋润万物而不争名取利。

〔今 悟〕

在老子眼里，水是“上善”的化身，尽善至美。

水，泽被万物，只予不取；

水，能动能静，刚柔相济；

水，滴水穿石，坚韧耐久；

水，排山倒海，雷霆万钧；

水，荡涤污浊，洁净常新；

水，有状无形，清澈透明；

水，如潭似渊，深沉宁静；

水，大器有容，可纳百川；

水，避高驱低，万世流淌；

……

皦其下不昧繩繩兮不可名復歸於無物是謂
無狀之狀無物之象是謂忽恍迎之不見其
首隨之不見其後執古之道以御今之有能知
古始是謂道紀

居善地，心善渊，与善仁，言善信，正善治，事善能，动善时。

——《道德经》第八章

〔注 释〕

善：擅长，善于。

〔译 文〕

居所善于选择良地，心境善于保持平静，待人善于真诚友善，说话善于言而有信，为政善于治理有方，做事善于发挥所长，行动善于选择良机。

〔今 悟〕

“居善地，心善渊，与善仁，言善信，正善治，事善能，动善时”，讲的是：人的一生，生活居住善于选择良好环境，遇到事情善于保持心绪平静，和人相处善于与人为善，讲话承诺善于言而有信，公干执事善于有章有法，从业做事善于行其所长，采取重大措施善于择良机而动。此为人生“七善诀”。

古之善為士者微妙玄通深不可識夫惟不可
識故强為之容豫兮若冬涉川猶兮若畏四
鄰儼兮其若客渙兮若冰將釋敦兮其若
樸曠兮其若谷渾兮其若濁孰能濁以靜

持而盈之，不如其已。

——《道德经》第九章

〔注 释〕

持：拿，端。盈：满。已：止。

〔译 文〕

手持容器里水盛得太满就容易洒出来，不如适时停止。

〔今 悟〕

水满则溢，器满则倾，这是现实生活中常见的现象，也是极其浅显易懂的道理。如果做事能够把握规律，当止则止，就可以避免过犹不及，防止事物走向反面。做到适可而止，需要聪明睿智，需要当机立断。

之徐清孰能安以動之徐生保此道者不欲
盈夫惟不盈故能弊不新成
致虛極守靜篤萬物並作吾以觀其復夫物
芸芸各歸其根歸根曰靜靜曰復命復命曰

揣而锐之，不可长保。

——《道德经》第九章

〔注 释〕

揣：打，捶击。锐：尖锐，锋利。

〔译 文〕

即使铁器锻打得十分锋利，其锋锐也难以保持长久。

〔今 悟〕

“揣而锐之，不可长保”说明了无厚积、锐气短的道理。由此可联想到：在竞争中，领先者尚且要不断“淬火和打磨”以保持优势，追赶者更应脚踏实地，不急不躁，借鉴先进，稳步前行。

常知常曰明不知常妄作凶知常容容乃公公
乃王王乃天天乃道道乃久沒身不殆
太上下知有之其次親之譽之其次畏之侮之故
信不足焉有不信猶兮其貴言功成事遂百

金玉满堂，莫之能守。富贵而骄，自遗其咎。

——《道德经》第九章

〔注 释〕

莫：不，不能，不要。遗：给予，送交。咎：过失，罪过，灾祸。

〔译 文〕

金玉满堂没人能长久守住永世享受。拥有富贵权势而骄横，将招致灾祸。

〔今 悟〕

千百年来，富难守、骄致祸，已为无数事实反复证明。追求金玉满堂，不如勤奋节俭、诗书传承；追逐功名利禄，不如顺其自然、若水上善。

姓皆謂我自然
大道廢有仁義智惠出有大偽六親不和有
孝慈國家昏亂有忠臣
絶聖棄智民利百倍絶仁棄義民復孝慈

功遂身退，天之道。

——《道德经》第九章

〔注 释〕

遂：成就，完成。

〔译 文〕

功业完成便隐身告退，这是合乎天道的。

〔今 悟〕

老子不仅主张“功成而弗居”，而且提倡“功遂身退”。有功而不居功不易，大功告成便隐身而退更难。“功遂身退”既是按照客观规律行事的人生态度，也是令人肃然起敬的睿智行为。正所谓“事了拂衣去，深藏身与名”。

絕巧棄利盜賊無有此三者以為文不足故
令有所屬見素抱樸少私寡欲
絕學無憂唯之與阿相去幾何善之與惡相
去何若人之所畏不可不畏荒兮其未央哉衆

有之以为利，无之以为用。

——《道德经》第十一章

〔**注 释**〕

有：相对于无，指事物的实体。无：相对于有，指事物中空的地方。

〔**译 文**〕

实有之物可以让人利用，空无之物可以使实有之物发挥功用。

〔**今 悟**〕

人们往往重视实有之物的作用，而忽视空无之物的功能。“有”固然重要，但没有“无”，“有”的作用将会消失或大打折扣。这就如同中国画的景物和留白的关系，看似没有着墨的留白使得画面的形式美更为突出、意境更为深远。又如，陶罐的四壁为实有之物，而陶罐的中间为空无之物，正因为陶罐有中空，陶罐才能发挥储物等作用。正所谓“无用之用，方为大用”。

人熙々如享太牢如登春臺我獨泊兮其未兆
若嬰兒之未孩乘乘兮若無所歸衆人皆有
餘我獨若遺我愚人之心也哉沌沌兮俗人昭
昭我獨若昏俗人察察我獨悶悶澹兮其

宠辱若惊，贵大患若身。

——《道德经》第十三章

〔注 释〕

宠：受恩惠，偏爱。辱：羞辱，耻辱，侮辱。惊：惶恐，惊恐，惊吓。贵：重要，贵重，珍贵。患：灾，病，忧虑。

〔译 文〕

受宠受辱就像受到惊恐，把宠辱看得太重就如同大病在身一样。

〔今 悟〕

受宠而喜，受辱而悲；得之也惊，失之也恐。这都是把宠辱看得太重，得失心、名利心、自尊心过重的反应。如何过好宠辱关、尽少患得患失？古往今来，有不少古训名言都倡导这样的理念：不以物喜，不以己悲；坐看云卷云舒，静听花开花落；淡泊名利，无欲则刚，不欲以静……

若海飂兮似無所止衆人皆有以我獨頑似鄙
我獨異於人而貴求食於母
孔德之容惟道是從道之為物惟恍惟忽
忽兮恍其中有象恍兮忽其中有物窈兮

古之善为士者，微妙玄通，深不可知。

——《道德经》第十五章

〔注 释〕

士：泛指有名望、有地位的读书人。玄：深奥，神奇。玄通：与天相通。

〔译 文〕

古时真正知道行道的人，深邃通玄，深不可测，一般不为人所认识。

〔今 悟〕

大凡得道行道之人，深沉宽厚、深邃通玄、深不可测、深藏不露。如何才能得道行道？第一要义是热爱学习。从书本中学，古为今用，外为中用；向实践中学，经历磨炼，用心体悟。

冥兮其中有精其精甚真其中有信自古
及今其名不去以閱衆甫吾何以知衆甫之
然哉以此
曲則全枉則直窪則盈弊則新少則得多

致虚极，守静笃。

——《道德经》第十六章

〔注 释〕

致：做到，达到。笃：坚定，专一。

〔译 文〕

心灵空虚到极点，不存一丝杂念；保持清静状态，做到笃定专一。

〔今 悟〕

致虚守静是无知无欲无求的精神境界，也是探求世间万物本质的有效方法。水静能鉴物，水面平静了，可以映照出万千事物的真实影像。人静能养心，心神宁静了，可以更好地求知、观世、悟道。

則惑是以聖人抱一爲天下式不自見故明不
自是故彰不自伐故有功不自矜故長夫惟
不爭故天下莫能與之爭古之所謂曲則全
者豈虛言哉故誠全而歸之

万物并作，吾以观复。

——《道德经》第十六章

〔注 释〕

作：生长，发展。复：往复。

〔译 文〕

万物共生共长，人们得以观察其周而复始、循环往复的变化规律。

〔今 悟〕

以自然界为镜可以启智，自然界演进不仅只是物竞天择、适者生存，还有和谐相处、并生共长；以史为镜可以明理，历史过往不仅记录了朝代更替、历史兴衰，也演绎了国与国之间的远交近攻、合纵连横。以人为镜可以知己，他人的行为举止不仅表明了其为人处世、三观取向，也映照出自己的对与错、得与失。

希言自然飄風不終朝驟雨不終日孰爲此
者天地天地尚不能久而況於人乎故從事
於道者道者同於道德者同於德失者同
於失同於道者道亦得之同於德者德亦得

归根曰静，静曰复命。

——《道德经》第十六章

〔**注 释**〕

归根：回归本原。复命：复归本性，完成生命轮回。

〔**译 文**〕

万物归根返回清静，而归于清静就是回归本性，开始孕育新的生命。

〔**今 悟**〕

万物在动与静、生与死中轮回，这是老子的自然生命观。而今，认识老子自然生命观的意义在于，达观看生死，积极活当下。在客观、达观地看待大自然生命轮回的同时，积极活在当下。热爱生命，热爱生活，顺其自然，享受自然。

之同於失者失亦得之信不足焉有不信焉
跂者不立跨者不行自見者不明自是者不
彰自伐者無功自矜者不長其於道也曰餘
食贅行物或惡之故有道者不處也

知常曰明。不知常，妄作，凶。

——《道德经》第十六章

〔注 释〕

常：常识，常理，规律。明：明白，明智，明理。妄：非分地，胡乱，引申为不合正道。凶：灾祸，犯错误。

〔译 文〕

懂得自然规律是明智的。不懂规律、不知常理而胡作乱为，就必然会犯错误、招致灾祸。

〔今 悟〕

历史经验反复证明，循规律，守常理，不乱为，就可以少走弯路，少犯错误，少付代价；就可以趋利避害，甚至事半功倍。这充分验证了老子“知常曰明。不知常，妄作，凶”的论断。

有物混成先天地生寂兮寥兮獨立而不改
周行而不殆可以爲天下母吾不知其名字之
曰道强爲之名曰大大曰逝逝曰遠遠曰返故
道大天大地大王亦大域中有四大而王居

见素抱朴，少私寡欲。

——《道德经》第十九章

〔**注 释**〕

见：通“现”字，出现，显露。素：本色，朴素，也指纯洁。朴：纯朴，质朴。

〔**译 文**〕

追求朴实无华，减少私心欲望。

〔**今 悟**〕

“见素抱朴，少私寡欲”，讲的是人生信条，揭示的是价值观。倡导这一理念，对于今人仍不乏教益。返璞归真，心素如简。少一点奢华和浮躁，多一些简朴和静定；少一点虚荣和贪心，多一些实在和知足；少一点浅薄和狂妄，多一些深厚和谦逊；少一点卑贱和怯懦，多一些尊严和勇敢。

其一焉人法地地法天天法道道法自然
重為輕根靜為躁君是以君子終日行不離
輜重雖有榮觀燕處超然奈何萬乘之主
而以身輕天下輕則失臣躁則失君

人之所畏，不可不畏。

——《道德经》第二十章

〔注 释〕

畏：害怕，畏惧。

〔译 文〕

众人都畏惧的事情，不可不畏惧。

〔今 悟〕

知常理，懂敬畏，是人生的重要信条。世人所畏惧的法律、禁区和底线，必须敬畏；世人所尊重的历史、敬重的英雄、守护的道德，同样应该效法。

善行無轍迹善言無瑕讁善計不用籌策
善閉無關揵而不可開善結無繩約而不可
解是以聖人常善救人故無棄人常善救物
故無棄物是謂襲明故善人不善人之師不

曲则全，枉则直，洼则盈，敝则新，少则得，多则惑。

——《道德经》第二十二章

〔注 释〕

曲：委曲，弯曲。枉：弯曲，不正。敝：破旧，坏。惑：疑惑，迷惑。则：此用为连词，表示因果关系，就，便，可以，才能。

〔译 文〕

委曲反而能保全，弯曲反而能伸直，低洼反而能盈满，破旧反而能立新，少取反而能多得，贪多反而会迷惑。

〔今 悟〕

老子阐述的“曲与全”“枉与直”“洼与盈”“敝与新”“少与多”的关系，不仅提出了“不洼不盈，不破不立”的辩证思想，而且传授了“委曲求全”“能屈能伸”“少取多得”“贪多迷惑”的聪慧见解。道理至简，寓意至深。

善人善人之資不貴其師不愛其資雖智大
迷是謂要妙
知其雄守其雌爲天下谿爲天下谿常德不
離復歸扵嬰兒知其白守其黑爲天下式爲天

不自见，故明；不自是，故彰；不自伐，故有功；不自矜，故长。

——《道德经》第二十二章

〔注 释〕

见：通“现”字，表现，显露。彰：显著。伐：自夸。矜：自大。

〔译 文〕

不自我显摆，所以能凸现；不自以为是，所以能彰显；不自我夸耀，所以能见功；不自傲自大，所以能长久。

〔今 悟〕

如果能够做到“不自我显摆、不自以为是、不自我夸耀、不自傲自大”，就是一个谦逊的人、明达的人。这不仅是为人之要，也是成事之法、坐大之道。自觉践行感悟，于个人有益，于团体有益，于国家亦有益。

下式常德不忒復歸於無極知其榮守其辱
為天下谷為天下谷常德乃足復歸於樸樸散
則為器聖人用之則為官長故大制不割
將欲取天下而為之者吾見其不得已天下神

夫唯不争，故天下莫能与之争。

——《道德经》第二十二章

〔**注 释**〕

唯：因为，只有。莫：不，不能。

〔**译 文**〕

正因为与世无争，所以天下无人能与之相争。

〔**今 悟**〕

“夫唯不争，故天下莫能与之争”，老子倡导的与世无争并不是消极处之，也非不知不懂不会不能，而是淡泊名利，远离纷争，顺势而为。这样内心就会平和，诸事就会顺达，人生之路就会平坦宽阔。

器不可為也為者敗之執者失之故物或行
或隨或噓或吹或強或羸或載或隳是以聖
人去甚去奢去泰
以道佐人主者不以兵彊天下其事好還師之

飘风不终朝，骤雨不终日。

——《道德经》第二十三章

〔注 释〕

终：全，整。朝：早晨。

〔译 文〕

狂风大作不会刮一个早晨，暴雨骤下也不会终日不消。

〔今 悟〕

“飘风不终朝，骤雨不终日”，这个人人都知晓的常识说明了一个道理：事物总是依其规律而行，既不会变幻无常，也不会一成不变。而今，当人们处于危困之际，需要有耐心和定力，等待时机，善用机宜，让事物朝着有利于自己的方向发展，以期走出困局。

所處荊棘生焉大軍之後必有凶年故善
者果而已不敢以取强焉果而勿矜果而勿
伐果而勿驕果而不得已果而勿强物壯則
老是謂不道不道早已

从事于道者，道者同于道，德者同于德，失者同于失。

——《道德经》第二十三章

〔注 释〕

德：道德。失：失去，丧失。

〔译 文〕

符合道的人，道愿意帮助他；符合德的人，德愿意帮助他；失道失德的人，就会走向失败。

〔今 悟〕

“从事于道者，道者同于道，德者同于德，失者同于失”，其意为，合道者道会相助，有德者德会帮忙，失道失德者则会失败。于今之意，凡是顺承自然规律、坚守公平正义、秉持人本爱心之人，自然会有老天相助，得到众人拥戴。正所谓得道多助、失道寡助。

夫佳兵者不祥之器物或惡之故有道者不
處君子居則貴左用兵則貴右兵者不祥之
器非君子之器不得已而用之恬淡為上勝
而不美而美之者是樂殺人夫樂殺人者不可

企者不立，跨者不行。

——《道德经》第二十四章

〔**注　释**〕

企：踮起脚，提起脚后跟，有企望、企盼的意思。跨：迈步，越过，跨越。

〔**译　文**〕

踮起脚能站得高一点，但站立的时间不长，也站不稳；迈开大步能走得快一点，但走不远，也走不稳。

〔**今　悟**〕

“企者不立，跨者不行”，寥寥数语揭示了“欲速则不达”和“适得其反”的深刻道理。何以行稳致远？效仿长跑运动员的气质风格，把握好速度、节奏和姿态，发挥好韧劲、定力和耐力，这一问题的答案便不言自明。

得志於天下矣吉事尚左凶事尚右是以偏將
軍處左上將軍處右言居上勢則以喪禮
處之殺人衆多則以悲哀泣之戰勝則以喪
禮處之道常無名樸雖小天下莫能臣侯王

人法地，地法天，天法道，道法自然。

——《道德经》第二十五章

〔**注 释**〕

法：效法，仿效。道：法则，规律，道德，道义。

〔**译 文**〕

人依地的法则而行，地依天的法则而行，天依道的法则而行，道依自然的法则而行。

〔**今 悟**〕

“人法地，地法天，天法道，道法自然”，老子一口气阐释了宇宙中的天、地、人、天道和自然运行的规律。天道和自然是老子哲学思想的核心，“道法自然”则是老子思想的高峰。世间万物都遵循自然规律这一至简大道而行，而天道也在不知不觉、自然而然中效法着自然。天道既如此，何况我辈乎？

若能守萬物將自賓天地相合以降甘露人
莫之令而自均始制有名名亦既有夫亦將知
止知止所以不殆譬道之在天下猶川谷之於
江海也

重为轻根，静为躁君。

——《道德经》第二十六章

〔**注 释**〕

根：根本，根基。躁：不静，躁动，浮躁。君：主宰，君主，统治者。

〔**译 文**〕

重是轻的根本，静是躁的主宰。

〔**今 悟**〕

重与轻、静与躁是事物的两种形态或者两个方面。老子倡导崇重尚静，因为重和静是根本，是主宰，是关键。较之轻率和浮躁，稳重和静定更具自然力，更有底蕴，更可持久。稳重制轻率，静定镇浮躁，对于个体如此，对于社会亦然。

知人者智自知者明勝人者有力自勝者强知
足者富强行者有志不失其所久死而不亡者
壽
大道汎兮其可左右萬物恃之以生而不辭功

轻则失本，躁则失君。

——《道德经》第二十六章

〔注 释〕

本：根本。君：主宰，君主，统治者。

〔译 文〕

轻率就会失去根基，浮躁就会丧失主宰。

〔今 悟〕

行为轻率、心情浮躁是人生常见病，是谋事成事之大忌。稳重积于历练，静定成于识见。避免行为轻率，三思而后行，谋定而后动。力戒心情浮躁，百动不如一静，以静制动。

成不居衣被萬物而不爲主故常無欲可名
於小矣萬物歸焉而不知主可名於大矣是
以聖人能成其大也以其不自大故能成其大
執大象天下往往而不害安平泰樂與餌過

善行无辙迹，善言无瑕谪。

——《道德经》第二十七章

〔**注　释**〕

辙迹：车轱辘印。瑕：玉上面的斑点，露出的缺点或毛病。谪：缺点，过失。

〔**译　文**〕

长于行走的人不会留下痕迹，善于言表的人滴水不漏。

〔**今　悟**〕

善于行走的人不留痕迹，长于言表的人滴水不漏，这是对精细老道之人的形象刻画。精细老道的特征是：思维缜密，讲话严谨，行事老练。能够如此，与人的性格禀赋有关，与人的职业素养相联，更是人的意识、经验和历练的综合体现。

客止道之出口淡乎其無味視之不足見聽之不足聞用之不可既

将欲歙之必固張之将欲弱之必固强之将欲癈之必固興之将欲奪之必固與之是謂微明

圣人常善救人，故无弃人；常善救物，故无弃物。是谓袭明。

——《道德经》第二十七章

〔注 释〕

善：擅长，善于。袭：继承，沿袭，因袭。明：高明。袭明：承袭了道的明慧。

〔译 文〕

得道之人总是善于做到人尽其才，所以没有被遗弃的人；总是善于做到物尽其用，所以没有被遗弃的物。这可以说承袭了道的明慧。

〔今 悟〕

天底下最大的过错是不珍惜爱护人才，天底下最令人痛心的事情是暴殄天物。老子曰：“圣人常善救人，故无弃人；常善救物，故无弃物。”老祖宗早在两千多年前就揭示了“人尽其才、物尽其用”的深刻道理。做到这一点要有大眼光、大格局、大胸怀。这是一个团体、一个社会、一个国家兴旺不绝之根本。

柔弱勝剛強魚不可脫於淵國之利器不
可以示人道常無為而無不為侯王若能守萬
物將自化化而欲作吾將鎮之以無名之樸無
名之樸亦將不欲不欲以靜天下將自正

不贵其师，不爱其资，虽智大迷。

——《道德经》第二十七章

〔注 释〕

师：老师。资：提供，取资。

〔译 文〕

不尊重老师，不懂得借鉴，即使再聪明也是很糊涂。

〔今 悟〕

国将兴，必尊师重道；事欲成，须以往鉴来。尊师重道是中华民族的传统文化和美德，“一日为师，终身为父”“朝闻道，夕死可矣”。以往鉴来是认识事物的方法论，借鉴过往可以知未来，晓成败。

上德不德是以有德下德不失德是以無德上
德無爲而無以爲下德爲之而有以爲上仁爲
之而無以爲上義爲之而有以爲上禮爲之而莫
之應則攘辟而仍之故失道而後德失德而後

知其荣，守其辱。

——《道德经》第二十八章

〔注 释〕

守：看守，守候。

〔译 文〕

懂得什么是尊贵，却安守于卑微。

〔今 悟〕

“知其荣，守其辱”，是韬光养晦、退避隐忍的保全之策，也是抱朴守拙、含而不露的涉世之法。能够践行知荣守辱是有智慧、有胸襟、有涵养的表现。在大功尚未告成时如此，在立于不败之地时亦然。

仁失仁而後義失義而後禮夫禮者忠信之薄
而亂之首也前識者道之華而愚之始也是以
大丈夫處其厚不處其薄居其實不居其

是以圣人去甚，去奢，去泰。

——《道德经》第二十九章

〔注 释〕

甚：过分的，非常的。奢：奢侈的。泰：极端的。

〔译 文〕

所以圣明之人会摒弃过分的、奢侈的、极端的行为。

〔今 悟〕

“是以圣人去甚，去奢，去泰”，充分彰显了老子倡导的循常道、顺自然的主张。告诫人们凡事须秉持实事求是、尊重规律、量力而行的态度，摒弃过分的、过度的、极端的行为，从而避免走弯路、受挫折、事倍功半、大起大落。

華故去取彼此
昔之得一者天得一以清地得一以寧神得一
以靈谷得一以盈萬物得一以生侯王得一以

师之所处，荆棘生焉；大军之后，必有凶年。

——《道德经》第三十章

〔注 释〕

师：指军队。军：指战争。凶年：灾荒之年。

〔译 文〕

军队所到之处，土地荒芜，民生凋敝。战争之后，必定是灾荒年景。

〔今 悟〕

自然灾害、瘟疫和战争是人类面临的三大传统灾难。老子对以暴力手段攻城略地、杀戮生灵的战争后果早有精辟论断："师之所处，荆棘生焉；大军之后，必有凶年。"如何避免战争，甚至消灭战争？这是需要全人类共同思考和回答的命题。我们爱好和平，但不惧怕战争。

為天下貞其致之一也天無以清將恐裂地無
以寧將恐發神無以靈將恐歇谷無以盈將
恐竭萬物無以生將恐滅侯王無以為貞而貴

知止可以不殆。

——《道德经》第三十二章

〔注 释〕

止：停止，终止。殆：危险。

〔译 文〕

懂得适可而止就不会遇到危险。

〔今 悟〕

合道则行，离道则止。凡是符合自然规律的事就可行，违背自然规律的事就应止。知行止，晓进退，明去就，可以减少麻烦，可以规避风险，也可以安然无恙。践行“知止可以不殆”不仅需要把握规律、洞悉大势，还得有智慧、有魄力。

高將恐蹷故貴以賤為本高以下為基是以侯
王自稱孤寡不轂此其以賤為本耶非乎
故致數譽無譽不欲琭琭如玉落落如石

知人者智，自知者明。

——《道德经》第三十三章

〔注 释〕

知：了解，明了。

〔译 文〕

能够了解他人的人是聪明的，能够认识自己的人是高明的。

〔今 悟〕

“知人者智，自知者明”的言下之意是：了解他人不易，认识自己更难；知人重要，知己更重要；有知人的聪明才智可贵，有自知的清醒明智更可贵。正所谓人贵有自知之明。

反者道之動弱者道之用天下之物生於有
有生於無
上士聞道勤而行之中士聞道若存若亡下

胜人者有力，自胜者强。

——《道德经》第三十三章

〔注 释〕

强：强大。

〔译 文〕

能够战胜他人的人是有力量的，能够战胜自己的人才是真正强大的。

〔今 悟〕

“胜人者有力，自胜者强”正应了“最大的敌人是自己”那句话。真正的强者，必须了解自己，把控自己，战胜自己，超越自己。

士聞道大咲之不笑不足以為道故建言
有之明道若昧夷道若纇進道若退上德
若谷大白若辱廣德若不足建德若偷質

知足者富，强行者有志。

——《道德经》第三十三章

〔注 释〕

强行：强制执行，坚持不懈。

〔译 文〕

容易知足的人一般内心都比较充实富有，做事执着不懈的人一般都有远大志向。

〔今 悟〕

知足者常乐、有志者事竟成是现代版的“知足者富，强行者有志”。如若知足就会一生轻松快乐，如果有意志力、有长性就会最终有所收获。

真若渝大方無隅大器晚成大音希聲大
象無形道隱無名夫惟道善貸且成
道生一一生二二生三三生萬物萬物負陰而抱

以其终不自为大，故能成其大。

——《道德经》第三十四章

〔**注 释**〕

以：用，因为。故：所以，因此。

〔**译 文**〕

因为从来不以伟大自居，所以才能够成就其伟大。

〔**今 悟**〕

谦卑而不自卑，自信而不自大，这是有涵养、有底蕴的为人处世方式。伟大与渺小、非凡与平凡只差一步，完全在于自我把握，在于谦虚谨慎、不骄不躁的品格修炼。认识到自己的渺小，就是伟大的开始。

陽沖氣以爲和人之所惡唯孤寡不穀而王公
以爲稱故物或損之而益或益之而損人之所
教亦我義教之彊梁者不得其死吾將以爲

将欲歙之，必固张之；将欲弱之，必固强之；将欲废之，必固兴之。

——《道德经》第三十六章

〔注 释〕

歙：收缩，收敛，合。固：必然，一定。

〔译 文〕

要想收合，必先张开；要想削弱，必先强盛；要想废弃，必先兴举。

〔今 悟〕

老子通过列举“收合与张开”“削弱与强盛”“废弃与兴举”三对矛盾的辩证关系，清楚地阐明了事物发展物极必反、否极泰来的规律。把握矛盾体相互转化的关系，利用矛盾体相互转化的契机，因势利导，目的可期。

教父

天下之至柔馳騁天下之至堅無有入於無間

吾是以知無爲之有益不言之教無爲之益天

将欲夺之，必固与之。

——《道德经》第三十六章

〔**注 释**〕

夺：取得，强取。与：给予。

〔**译 文**〕

要想取得，必须先给予。

〔**今 悟**〕

“将欲夺之，必固与之”，从表面上看，有利益诱惑、利益交换的意思，但其深层含义讲的是辩证法，是事物对立统一关系。凡事不与不取，不长与不可长取。矛盾对立双方总会找到一个平衡点，不可能长久失衡。

下希及之
名與身孰親身與貨孰多得與亡孰病是故
甚愛必大費多藏必厚亡知足不辱知止不

柔弱胜刚强。

——《道德经》第三十六章

〔注 释〕

柔弱：软弱，不刚强；柔软，不强硬。

〔译 文〕

柔弱可以战胜刚强。

〔今 悟〕

“柔弱胜刚强”揭示了小能制大、柔能克刚的辩证思想。无数哀兵胜、骄兵败的事例都佐证了这个道理。但“柔弱胜刚强”并非没有条件，弱小的一方要战胜强大的一方，往往需要加倍地谨慎小心，需要有战而胜之的勇气胆量，需要有充分的谋划筹备。

殆可以長久
大成若缺其用不敝大盈若沖其用不窮大
直若屈大巧若拙大辯若訥躁勝寒靜勝

道常无为而无不为。

——《道德经》第三十七章

〔注 释〕

道：法则，规律，道德，道义。

〔译 文〕

道永远顺其自然，既无所作为，又无所不为。

〔今 悟〕

在老子眼中，世间的最高境界是“无为而无不为”。无为并非不为，也非妄为、乱为，而是顺其自然规律而为。因循自然规律的无所作为，就是无所不为。这是“道”的境界，是值得推崇的理念，也是需要践行的方法论。

熱清靜為天下正
天下有道却走馬以糞天下無道戎馬生於
郊罪莫大於可欲禍莫大於不知足咎莫大

不欲以静，天下将自正。

——《道德经》第三十七章

〔**注 释**〕

欲：欲望，贪欲。正：正常，正道。引申之意为安定。

〔**译 文**〕

无欲无求就能达到清静状态，天下将自然太平安定。

〔**今 悟**〕

尽管“不欲以静，天下将自正”是对君王而言的治理之策，但对于今日世界仍具有普遍意义。欲望是由人的本性所决定的，是人类与生俱来的，也是人类一切活动的根本动力。对于欲望不可以否认、压抑和扭曲，否则将会阻碍人类迈向文明的脚步，毁灭人类的幸福生活。但也不能放纵，特别是放纵贪欲将导致你争我夺、苦难灾祸。从心所欲而不逾矩，道法自然归于清静。没有贪赃枉法，远离战争杀戮，世界自然安泰祥和。

於欲得故知足之足常足矣

不出户知天下不窺牖見天道其出弥遠其

知弥少是以聖人不行而知不見而名無爲而

上德不德，是以有德。

——《道德经》第三十八章

〔注 释〕

德：德行，品德。在《道德经》中意为循道之德，就是遵循道的原则行事的品质。是以：所以，因此。

〔译 文〕

具有上等品德的不刻意表现有德，所以真正有品德。

〔今 悟〕

道即天道，是自然规律。德即人德，是道的具体体现，是人的行为准则。能够认知自然规律并按规律行事就叫作有德。积善成德，神明自得。尊老爱幼为德，授业解惑为德，医痛祛疾为德，扶危济困为德，修桥补路为德，前人栽树为德，感恩图报为德……

成
爲學日益爲道日損損之又損以至於無爲
無爲而無不爲矣故取天下者常以無事及

大丈夫处其厚不居其薄，处其实不居其华。

——《道德经》第三十八章

〔注 释〕

居：处在，处于。厚：淳厚，敦厚。薄：浅薄。

〔译 文〕

大丈夫处世深厚而非浅薄，做事务实而非浮华。

〔今 悟〕

古往今来，凡成大事者多为深厚、务实、睿智之人，而非浅薄、浮华、蛮愚之辈。深厚者，雄浑博大，谦逊厚道；务实者，实事求是，讲究实效；睿智者，大处着眼，布局谋篇。

其有事不足以取天下
聖人無常心以百姓心為心善者吾善之不善
者吾亦善之德善矣信者吾信之不信者吾

贵以贱为本，高以下为基。

——《道德经》第三十九章

〔注 释〕

贵：价格高，高贵。贱：价格低，低贱。

〔译 文〕

贵以贱为根本，高以下为基础。

〔今 悟〕

无贱即无贵，无下即无高，反之亦然。贵与贱是相对而言的，高与下是相较而成的。在社会治理中，公民大众永远是主角，促进人的发展是社会文明进步的归宿。以人为本，则根深本固；以民为基，则根牢基稳。

亦信之德信矣聖人之在天下惵惵為天下
渾其心百姓皆注其耳目聖人皆孩之
出生入死生之徒十有三死之徒十有三人之

反者道之动，弱者道之用。

——《道德经》第四十章

〔**注 释**〕

反：方向相背，与“正”相对。弱：弱小，与“强”相对。

〔**译 文**〕

道的运动是反向往复的，道的作用是自然柔弱的。

〔**今 悟**〕

“反者道之动”是《道德经》中的经典名句，鲜明地体现了老子关于正反相生相成、正反相互转化的哲学思想。任何事物都有正反两个方面，始终处在发展变化之中。掌握并运用这一辩证法，就能把握事物发展规律，就能把世事看得更加透彻，就能处安思危、处变不惊、处之泰然。

生動之死地亦十有三夫何故以其生生之厚
蓋聞善攝生者陸行不遇兕虎入軍不避
甲兵兕無所投其角虎無所措其爪兵無所

大方无隅，大器晚成，大音希声，大象无形。

——《道德经》第四十一章

〔注 释〕

隅：角，角落。大器：贵重的器物。

〔译 文〕

极方正的东西反而看不到棱角，极贵重的器物总是最后制成，极大的声音反而听不到声响，极宏大的气象反而看不到形状。

〔今 悟〕

老子眼中的“大”就是“无”，即无时、无边、无声、无形。这既超越了时空，又忽视了声形。其视野之宽广、意境之旷远、思想之深邃，非常人所能想象，这就是道的境界。

容其刃夫何故以其無死地道生之德畜之
物形之勢成之是以萬物莫不尊道而貴
德道之尊德之貴夫莫之爵而常自然

天下之至柔，驰骋天下之至坚。

——《道德经》第四十三章

〔**注 释**〕

驰骋：奔跑，驱使。

〔**译 文**〕

天下最柔软的东西，能够驰骋穿行于天下最坚硬的东西之间。

〔**今 悟**〕

“天下之至柔，驰骋天下之至坚”，这充分体现了老子的“贵柔”思想。柔软看似软弱，其实蕴含着巨大的力量。在一定条件下，柔能克刚，弱能胜强。刚有刚的优势，柔有柔的强项，何时使刚？何处用柔？确是学问。“贵柔”是处世之法、治世之道。温良恭俭让可以处世，怀柔安抚可以治世。

故道生之畜之長之育之成之熟之養之
覆之生而不有爲而不恃長而不宰是謂
玄德

不言之教，无为之益，天下希及之。

——《道德经》第四十三章

〔注 释〕

益：利益，好处。希及：很少有人能达到。

〔译 文〕

无言的教诲，无为的益处，天下很少有人能做到。

〔今 悟〕

“无为之益”的深刻内涵在于“无”。“无”是无为而治，无为而无不为。“无”既是精神境界，也是思想方法，更是实际行动。在现实生活中，“无为”更多地体现为不控制、不干预、不折腾，因势利导，顺势而为。如此，其结果自不待言。

天下有始以為天下母既得其母以知其子既知
其子復守其母沒身不殆塞其兌閉其門終
身不勤開其兌濟其事終身不救見小曰

甚爱必大费，多藏必厚亡。

——《道德经》第四十四章

〔**注 释**〕

甚：非常。爱：喜爱，爱惜。大费：巨大耗费。厚亡：巨大损失。

〔**译 文**〕

非常喜爱必定要付出巨大代价，过度藏货必定要招致巨大损失。

〔**今 悟**〕

事物都是相伴而生、相辅相成的，也都是有因果关系的，“甚爱必大费”清楚地说明了这一点。“甚爱”是精神层面的情感之爱，如爱情、乡愁、迷恋之心等。而“大费”则既有精神上的也有物质上的，如情感、名誉、时间、金钱等。爱是要付出代价的，“甚爱”的代价就更大了。正所谓爱之深、痛之切、费之重。当然，爱我所爱无怨无悔亦为人生美妙之境地。

明守柔曰强用其光復歸其明無遺身殃
是謂襲常
使我介然有知行於大道唯施是畏大道甚

知足不辱，知止不殆，可以长久。

——《道德经》第四十四章

〔注 释〕

辱：羞辱，耻辱，侮辱。殆：危险，陷入困境。

〔译 文〕

知道满足就不易受到羞辱，知道止步就不易遇到危险，懂得这些道理可以长久无恙。

〔今 悟〕

“知足不辱，知止不殆”既是古老智慧，也是现代安全观。在现实生活中，知足可以理解为淡泊名利、力戒贪欲，这样就会祛烦恼、多快乐，宠辱不惊；知止可以理解为应止则止、当让则让，这样就会避水火、少担忧，远危处安。

夷而民好徑朝甚除田甚蕪倉甚虛服文彩帶利劒厭飲食資財有餘是謂盜夸非道也哉

大成若缺，其用不弊。大盈若冲，其用不穷。

——《道德经》第四十五章

〔注 释〕

成：完整的。缺：缺少。弊：弊病，破旧。盈：满，完满。冲：虚，空虚。穷：穷尽，到头。

〔译 文〕

最完满的东西好像有缺欠一样，但它的作用是没有缺失的。最充盈的东西好像是空虚一样，但它的作用是非常充实的。

〔今 悟〕

“大成若缺，其用不弊。大盈若冲，其用不穷”讲的是“成与缺”“盈与冲”的表象和内在的相对关系。意在告诫人们：看问题切忌简单化、表象化，只贵其表而不重其里，只观其虚而不察其实。经验表明，大凡能有恒久之美、历久弥新的东西，多为朴实无华、极简不繁之物，正所谓大美无言、大智若愚。这既是崇尚内涵、内功、内敛的价值观，也是纯朴自然、虚怀若谷的精神境界。

善建者不拔善抱者不脫子孫祭祀不輟脩之
身其德乃真脩之家其德乃餘脩之鄉其德乃
長脩之國其德乃豐脩之天下其德乃普故

大直若屈，大巧若拙，大辩若讷。

——《道德经》第四十五章

〔**注 释**〕

若：像。屈：弯曲。巧：灵巧。拙：笨拙。大辩：善辩，口才好。讷：木讷。

〔**译 文**〕

极笔直的好像弯曲的一样，极灵巧的好像笨拙的一样，极能言善辩的好像笨嘴拙舌的一样。

〔**今 悟**〕

把“大直若屈”“大巧若拙”“大辩若讷”三者的深刻含义归纳起来，就是大智若愚。大智若愚的境界，既不是深藏不露刻意为之，也不是善于守拙护住软肋，而是由内而外地大彻大悟，自然而然地因势而行，谦恭淡泊地为人处世。

以身觀身以家觀家以鄉觀鄉以國觀國以
天下觀天下吾何以知天下之然哉以此
含德之厚比於赤子毒蟲不螫猛獸不據攫

静胜躁，寒胜热。

——《道德经》第四十五章

〔注 释〕

静：安静，宁静，平静。

〔译 文〕

安静能战胜躁动，寒冷能克服炎热。

〔今 悟〕

从求知悟道的角度讲，“静”是内心深处的安宁和清静。只有内心安宁和清静，才能更好地求知、观世、悟道。从执事践行的角度看，“静”是内心深处的冷静和坚韧。只有内心冷静和坚韧，才能自信、从容、稳健地办好事情。

鳥不搏骨弱筋柔而握固未知牝牡之合而峻作精之至也終日號而嗌不嗄和之至也知和曰常知常曰明益生曰祥心使氣曰强物壯則老是謂不道不道早已

清静为天下正。

——《道德经》第四十五章

〔注 释〕

正：正常，正道。

〔译 文〕

以清静无为的方式治理，天下才能走上正途，实现太平安宁。

〔今 悟〕

清静无为是老子推崇的治世理念，“甘其食、美其服、安其居、乐其俗”是老子追求的理想社会。“清静为天下正”对于当今人们的重要启示：秉持有所为有所不为的理念，遵循顺应事物发展规律的原则，以清醒冷静、自然从容、稳健务实的方式理事治世，其理想目标便不难实现。

知者不言言者不知塞其兑閉其門挫其銳解
其紛和其光同其塵是謂玄同不可得而親不
可得而踈不可得而利不可得而害不可得而

罪莫大于可欲，祸莫大于不知足，咎莫大于欲得。

——《道德经》第四十六章

〔注 释〕

咎：灾祸，罪过，过失。欲：愿望，贪欲。

〔译 文〕

世上最大的罪恶是放纵贪欲，世上最大的灾祸是不知满足，世上最大的过失是贪得无厌。

〔今 悟〕

在老子眼中，放纵贪欲、不知满足、贪得无厌三者均为灾祸之源。纵欲则获罪，不满则招祸，贪婪则致过，古今中外概莫能外。要想保持内心清静、精神轻松、生活幸福，就应知足知止、不欲寡欲。

賤故為天下貴
以正治國以奇用兵以無事取天下吾何以知其
然哉以此天下多忌諱而民弥貧民多利器國

为学日益，为道日损。

——《道德经》第四十八章

〔**注 释**〕

为学：学习，读书，求知。日益：日渐增多，越来越好。为道：思考，领悟道理。日损：日渐减少，越来越差。

〔**译 文**〕

多学习求知，知识和智慧就会日益增多。勤思考悟道，杂念和贪欲就会日益减少。

〔**今 悟**〕

开卷有益，每阅读一本良卷佳作，都会使人站上新的起点。悟知闻道，每领悟一个世间真谛，都会使人走进新的境界。学以致用，每践行一个心得体会，都会使人有新的升华。

家滋昬人多伎巧奇物滋起法令滋彰盜賊
多有故聖人云我無為而民自化我好静而民
自正我無事而民自富我無欲而民自樸我

道之尊，德之贵，夫莫之命而常自然。

——《道德经》第五十一章

〔注 释〕

尊：尊崇。莫：不，不要。常：常常。

〔译 文〕

道之所以受尊崇，德之所以被珍重，是因为它们对万物从来不加干预，而是任其自然生长。

〔今 悟〕

我们可以将“道之尊，德之贵，夫莫之命而常自然”理解为：正因为道和德对世间万物从来不加干预，任其按照自身规律发展，所以它们才受尊崇、被珍重。这是老子“道法自然”思想的深化。告诉人们：世间最高超的治世理念是无为而治，顺任自然，依规循律；世间最博大的爱是不干预、不束缚、不偏爱。在现实生活中，理念不同，结果迥异。

無情而民自清
其政悶悶其民淳淳其政察察其民缺缺禍
兮福所倚福兮禍所伏孰知其極其無正邪

见小曰明，守弱曰强。

——《道德经》第五十二章

〔**注 释**〕

见：看到，观察。小：细微，渺小。守：护卫，守护。弱：柔弱，短板。

〔**译 文**〕

能观察细微的叫作“明”，能守护住柔弱的叫作“强”。

〔**今 悟**〕

“见小曰明，守弱曰强”的含义是：只有体察入微、看清细节，才能见微知著、世事洞明；只有护住软肋、补齐短板，才能攻守兼备、反弱为强。善于“见小”，注重“守弱”，乃察势之法、图强之道。

正復為奇善復為妖民之迷其日固已久矣是以
聖人方而不割廉而不劌直而不肆光而不耀
治人事天莫如嗇夫是謂早復早復謂之重積
德重積德則無不克無不克則莫知其極莫

善建者不拔，善抱者不脱。

——《道德经》第五十四章

〔**注 释**〕

建：建树，建立。拔：拔起，抽出。抱：用手臂合围，怀抱。脱：脱离，逃脱。

〔**译 文**〕

善于建树的不会拔除，善于抱住的不会脱落。

〔**今 悟**〕

我们可以把“善建者不拔，善抱者不脱”当作老子关于坚持人生信念的原则。不论是“善建者”还是“善抱者”，也不论是学习还是工作，在确定了人生目标和价值取向后，都要以“不拔”和“不脱”之精神，下定决心，百折不挠，持之以恒地追求。这是实现理想的前提，是底线、底气和底蕴。

知其極可以有國之母可以長久是謂深根
固蔕長生久視之道
治大國若亨小鮮以道蒞天下者其鬼不神

以正治国，以奇用兵，以无事取天下。

——《道德经》第五十七章

〔注 释〕

正：正常，正直。奇：特殊的，非常的，令人难以预料的。

〔译 文〕

用清静无为的正道治理国家，用出奇制胜的计谋用兵，以不干预、不扰民的方式取信于天下。

〔今 悟〕

“以奇用兵”是我国古老的战争谋略精华，对后世中外军事思想有着深刻影响。出其不意，出奇制胜，不按常理出牌，讲的都是这个意思。兵不在众而在精，器不在多而在利，战不在常而在变。“以奇用兵”，贵在非常，重在创新。在各种竞争博弈中，强化创新思维、运用非常招法至关重要。

非其鬼不神其神不傷人聖人亦不傷人夫
兩不相傷故德交歸焉
大國者下流天下之交天下之交牝常以靜勝

祸兮，福之所倚；福兮，祸之所伏。

——《道德经》第五十八章

〔**注 释**〕

倚：靠着。伏：隐藏，潜伏。

〔**译 文**〕

灾祸啊，幸福正依靠在你身旁。幸福啊，灾祸正潜伏在你身边。

〔**今 悟**〕

福祸同生，利害共存，相互倚靠，相互转化。成功之时孕育着失败，逆境之日生成着转机，这几乎是尽人皆知的关于福祸相因的道理。因此，得意不可忘形，失意不必悲观。如何趋福避祸？宽厚是福，谦让是福，吃亏是福，乐善好施是福……刻薄为祸，不知足为祸，利己不利人为祸，贪图私欲为祸……

牡以靜爲下故大國以下小國則取小國小國以
下大國則取大國故或下以取或下而取大國
不過欲兼畜人小國不過欲入事人兩者各

方而不割，廉而不刿，直而不肆，光而不耀。

——《道德经》第五十八章

〔**注 释**〕

割：断，分割。廉：有棱角，锐利。刿：割，刺伤。肆：放肆，放纵，任意。

〔**译 文**〕

方正而不割手，锐利而不伤人，直率而不放肆，明亮而不刺眼。

〔**今 悟**〕

“方正而不割手，锐利而不伤人，直率而不放肆，明亮而不刺眼”，这既是行事风格，也是处世态度。它集正直、真性和内敛于一身，但又不失性格魅力和品格光彩。品端不诩，才高不傲，这难道不是令众人欣赏的得道风范吗？

得其所欲故大者宜為下

道者萬物之奧善人之寶不善人之所保美言

可以市尊行可以加人人之不善何棄之有故

治人事天，莫若啬。

——《道德经》第五十九章

〔注 释〕

事天：养生。啬：爱惜，节俭。

〔译 文〕

治国和养生，没有比爱惜精力更为重要的。

〔今 悟〕

无论是治理国家还是颐养生命，最为重要的是养精蓄锐。何为养精蓄锐？依《道德经》思想，就是清静无为。用通俗的话说，就是保养元气。何以养精蓄锐？就治国而言，宜解人心、顺民意、维正义、释活力；就养生而言，宜居心宽、持身严、适饮食、常锻炼。精气神十足，于国可以安天下，于己可以享天年。

立天子置三公雖有拱璧以先駟馬不如坐進
此道古之所以貴此道者何也不曰求以得有
罪以免耶故為天下貴
為無為事無事味無味大小多少報怨以德

治大国若烹小鲜。

——《道德经》第六十章

〔注 释〕

小鲜：小鱼。

〔译 文〕

治理国家就像烹制小鱼那样，慢火煎炖，不可频繁翻动。

〔今 悟〕

“治大国若烹小鲜”，精辟而深刻地揭示了老子的无为而治、顺其自然、不折腾、不扰民、不乱为等治国理念。其话简明，其意通俗，其理深刻，但践行起来却并非易事。讲法制，稳政令，顺人心，保民生，兴百业。唯此，社会安定祥和、欣欣向荣方可期。

圖難於其易為大於其細天下之難事必
作於易天下之大事必作於細是以聖人終不
為大故能成其大夫輕諾必寡信多易多

美言可以市尊，美行可以加人。

——《道德经》第六十二章

〔**注 释**〕

市：买，购买，求得。尊：尊重，尊崇。加：施加，施用。

〔**译 文**〕

美好的言论可以赢得尊崇，美好的行为可以影响他人。

〔**今 悟**〕

古人极为推崇“人生三不朽”，即立德、立功、立言。《道德经》提出“美言可以市尊，美行可以加人”，其意义显然大大超出了留传后世、受人景仰的“人生三不朽”。老子倡导用美好的话语赢得人，用美好的行为影响人。于今之意义就是传播美德风尚，推行爱心善举，营造和谐气氛。

難是以聖人由難之故終無難矣

其安易持其未兆易謀其脆易泮其微易

散爲之於未有治之於未亂合抱之木生於

为无为，事无事，味无味。

——《道德经》第六十三章

〔注 释〕

味无味：把无味当作有味。

〔译 文〕

以无为的态度来作为，以不搅扰的方式来做事，把无味的感觉当作有味。

〔今 悟〕

“为无为，事无事，味无味”，是对“无为而无不为”思想的进一步诠释，即以无为的理念来作为，以不生事的方式来行事，以没味道的感觉来品尝。而今之意在于，要想有所作为、有所成就，就必须以坦然的心境、超然的态度，顺其自然地谋事行事。

毫末九層之臺起於絫土千里之行始於足
下爲者敗之執者失之是以聖人無爲故無敗
無執故無失民之從事常於幾成而敗之慎

图难于其易，为大于其细。天下难事必作于易，天下大事必作于细。

——《道德经》第六十三章

〔**注 释**〕

图难：解决难题。为大：做大事。

〔**译 文**〕

解决难题要从容易处开始，做大事要从细微处做起。天下的难事，都必须从容易的事情做起；天下的大事，都必须从细小的事情做起。

〔**今 悟**〕

“图难于其易，为大于其细。天下难事必作于易，天下大事必作于细。”其核心思想在于：解难题应从容易之处入手，谋大事应从细微之处着眼。人们常说的“先易后难，先小后大，由近及远，循序渐进”“细节决定成败”就是这个道理。

終如始則無敗事矣是以聖人欲不欲不貴難
得之貨學不學復衆人之所過以輔萬物之
自然而不敢為

轻诺必寡信，多易必多难。

——《道德经》第六十三章

〔注 释〕

诺：答应，准许，承诺。信：诚实，真实，信用。

〔译 文〕

轻率承诺必然难以守信兑现，把事情看得太容易必然会遇到很多困难。

〔今 悟〕

“轻诺”和“多易”是人们常犯的错误，并且会为此付出代价。未经深思熟虑，轻率承诺而不能兑现，将失信于人；把事情看得太容易，对困难估计不足而招致失败，将坐失良机。

古之善爲道者非以明民將以愚之民之難治
以其智多故以智治國國之賊不以智治國國
之福知此兩者亦楷式能知楷式是謂玄德玄
德深矣遠矣與物反矣然後乃至大順

为之于未有，治之于未乱。

——《道德经》第六十四章

〔**注 释**〕

为：做，处理。治：治理，惩处。

〔**译 文**〕

在问题尚未出现时就做好预防准备，在灾乱尚未形成时就做好处置预案。

〔**今 悟**〕

“为之于未有，治之于未乱”的最好注解，就是人们常挂在嘴边的“未雨绸缪”“防患于未然”。这需要居安思危，敏锐洞察，建章成典。凡事预则立，不预则废。

江海所以能為百谷王者以其善下之也故能為
百谷王是以聖人欲上人以其言下之欲先人以
其身下之是以聖人處上而人不重處前而人不

合抱之木，生于毫末；九层之台，起于累土；千里之行，始于足下。

——《道德经》第六十四章

〔注 释〕

合抱：张开双臂围拢。毫末：细小的幼苗。累土：土堆。

〔译 文〕

粗壮的大树，是由嫩小的幼苗成长而来的；九层高的平台，是由一筐一筐的土堆建而成的；千里远的行程，是由脚下一步一步走出来的。

〔今 悟〕

世间万物由小变大，由低到高，由近及远，都需要渐进和累积，这是事物发展变化的铁律。要想安身立命、事业功就，须树恒心、强意志，不辞琐事，不弃点滴，不避辛劳。十年磨一剑，功到自然成。

害是以天下樂推而不厭以其不爭故天下莫
能與之爭
天下皆謂我道大似不肖夫惟大故似不肖

为者败之，执者失之。是以圣人无为故无败，无执故无失。

——《道德经》第六十四章

〔**注 释**〕

执：拿，持，掌握。

〔**译 文**〕

强行做事就必然失败，刻意把持就必然失去。所以圣人不强行做事就不会失败，不刻意把持就不会失去。

〔**今 悟**〕

“为者败之，执者失之。是以圣人无为故无败，无执故无失”可以概括为：不强为则不败，不固执则不失。其深刻意义在于“几不做”，即不做违背规律的事，不做急功近利的事，不做华而不实的事，不做好大喜功的事，不做投机取巧的事，不做劳民伤财的事……如此，何来败失？

若肖久矣其細矣夫我有三寶保而持之一曰慈
二曰儉三曰不敢為天下先夫慈故能勇儉故
能廣不敢為天下先故能成器長今捨其

慎终如始，则无败事。

——《道德经》第六十四章

〔**注 释**〕

慎：小心，当心，慎重。败事：失败，闪失。

〔**译 文**〕

做事有头有尾，有始有终，成功概率就高，就不易失败。

〔**今 悟**〕

“慎终如始，则无败事”阐释的道理是：行百里者半九十，做事须始终谨慎而行，事至收尾时仍然像开始一样精心认真。养成慎终如始的行事风格，久而久之习惯就会成为自然，成为精神，成为传统。

慈且勇捨其儉且廣捨其後且先死矣夫慈
以戰則勝以守則固天將救之以慈衛之
善爲士者不武善戰者不怒善勝敵者不争

江海所以能为百谷王者，以其善下之，故能为百谷王。

——《道德经》第六十六章

〔注 释〕

百谷王：百川归往，“王”通“往”。以其：因为它。善：善于。故：所以。

〔译 文〕

江海所以能够成为百川汇往之地，因为它们善于处在地势低下的地方，这是成为百川汇往之地的缘故。

〔今 悟〕

“江海所以能为百谷王者，以其善之下，故能为百谷王”，老子所言看似描述的是千条江河归大海的自然地理现象，但更深层的含义可以理解成：为人处事应效仿江海的品格，海纳百川，善下为大，谦逊为大，开放为大，有容乃大。

善用人者為下是謂不爭之德是謂用人之力是謂配天古之極

用兵有言吾不敢為主而為客不敢進寸而退尺是謂行無行攘無臂仍無敵執無兵

善为士者不武，善战者不怒，善胜敌者不与，善用人者为之下。

——《道德经》第六十八章

〔注 释〕

士：将帅，领兵打仗的人。不武：不用武逞强。不与：不争斗。

〔译 文〕

善于做将帅的人，不会用武逞强；善于作战的人，不会轻易动怒；善于制胜的人，不会与敌缠斗；善于用兵的人，对士兵呵护关爱。

〔今 悟〕

老子“善为士者不武，善战者不怒，善胜敌者不与，善用人者为之下”的军事思想为历代兵家所推崇。对于一个国家、一个民族而言，战争是“生死之地，存亡之道”，必须慎之又慎、预之又预。若能不战而屈人之兵，则成大智大谋大勇大利之道。

禍莫大於輕敵輕敵者幾喪吾寶故抗兵

加哀者勝矣

吾言甚易知甚易行天下莫能知莫能行

用兵有言：吾不敢为主而为客，不敢进寸而退尺。

——《道德经》第六十九章

〔注 释〕

主：主动。指作战中主动进攻，采取攻势。客：被动。指作战中被动防守，采取守势。

〔译 文〕

兵法道：领兵打仗我不敢主动进攻而采取守势，不敢前进一寸而宁愿后退一尺。

〔今 悟〕

老子倡导在战争中采取以守为攻、以退为进、后发制人的战略战术，体现了以柔克刚、柔弱胜刚强的哲学思想，写入了历代作战兵法教科书。这不仅应用于军事领域行之有效，而且施用于政治、经济、外交等领域也屡试不爽。

言有宗事有君夫惟無知是以不我知也知
我者希則我貴矣是以聖人被褐懷玉
知不知上不知知病夫惟病病是以不病聖

祸莫大于轻敌。

——《道德经》第六十九章

〔**注 释**〕

祸：灾祸。莫：不，没有什么。

〔**译 文**〕

再没有比轻敌更大的祸患了。

〔**今 悟**〕

骄兵必败、轻敌必负的道理再明白不过了。轻敌乃兵家之大忌，不仅用兵打仗如此，在政治、经济、外交等领域的竞争博弈中，如若掉以轻心，麻痹大意，侥幸轻敌，同样必败无疑。

人不病以其病病是以不病
民不畏威而大威至矣無狹其所居無猒其
所生夫惟不猒是以不猒是以聖人自知不自

抗兵相加，哀者胜矣。

——《道德经》第六十九章

〔注 释〕

抗兵相加：两军作战实力相当。哀者：带有悲愤情绪的人。

〔译 文〕

当两军作战势均力敌时，带悲愤情绪的一方会获胜。

〔今 悟〕

“哀兵必胜”这一成语出自“抗兵相加，哀者胜矣”。其含义是受压制而悲愤的一方奋起反抗必定获胜。无论是受到挫折、压抑，还是受到歧视、屈辱，由此激发的悲愤情绪往往可以转化为追求胜利的精神力量，即化悲愤为力量。而这一力量可以转化为埋头苦干、卧薪尝胆的精神和行动，形成战而胜之的勇气、决心和战斗力。

見自愛不自貴故去彼取此
勇於敢則殺勇於不敢則活此兩者或利或
害天之所惡孰知其故是以聖人猶難之天之

知不知，尚矣。不知知，病也。

——《道德经》第七十一章

〔注 释〕

尚：通“上”字，上等，高明。病：缺点，错误。

〔译 文〕

知道自己还有所不知，是高明的。不知道却自以为知道，是可悲的。

〔今 悟〕

人的可贵之处在于知道自己还有所不知，这是开放进取的心态，所以求知不厌、求新思变；人的可悲之处在于自己并不知道却自以为知道，这是自我认知的缺陷，所以夜郎自大、故步自封。知不知，可进步；不知知，止于步。

道不争而善勝不言而善應不召而自来
繟然而善謀天網恢恢踈而不失
民常不畏死柰何以死懼之若使民常畏死
而為竒者吾得執而殺之孰敢常有司殺者殺

自知不自见，自爱不自贵。

——《道德经》第七十二章

〔注释〕

见：通“现”字，表现。贵：重要，贵重，珍贵。

〔译文〕

有自知之明而不自我表现，有自爱之心而不自我炫耀。

〔今悟〕

自知之明就是对自己有清醒明智的认识，这是有自信、有力量的表现。自爱之心就是爱惜自身名节，这是自重、自尊的体现。自知之明和自爱之心是人生中的两笔宝贵财富，永远属于自己，别人无法拿走，理当倍加珍惜。

而代司殺者殺是謂代大匠斲夫代大匠斲
希有不傷其手矣
民之飢以其上食稅之多是以飢民之難治以其

天网恢恢，疏而不失。

——《道德经》第七十三章

〔注 释〕

天网：天上布下的罗网。恢恢：广大，宽大。疏：稀疏，不周密。失：丢掉，漏失。

〔译 文〕

天的罗网恢宏广大，看似网眼稀疏却无半点失漏。

〔今 悟〕

古人把天网视为无处不在、无时不有的天道或自然法则，顺之者昌，逆之者亡。而今人则把“天网恢恢，疏而不失”作为常用成语，意指贪赃枉法、为非作歹者终将受到法律制裁，其现实意义不言自明。

上之有爲是以難治民之輕死以其上求生之厚
是以輕死夫惟無以生爲者是賢於貴生
人之生也柔弱其死也堅强草木之生也柔脆

兵强则灭，木强则折。

——《道德经》第七十六章

〔**注 释**〕

强：强悍，强大。

〔**译 文**〕

用兵逞强就会招致失败，树木高大就容易被折断和砍伐。

〔**今 悟**〕

“兵强则灭，木强则折”昭示了做事过于刚强结果会适得其反的道理。凡事都有个度，如果过于逞强用刚、锋芒太露，必然导致事物向相反方向演变。刚柔有度，进退有据，既是智慧，也是艺术。

其死也枯槁故堅強者死之徒柔弱者生之徒
是以兵強則不勝木強則共堅強處下柔弱
處上

天之道，其犹张弓与？高者抑之，下者举之；有馀者损之，不足者补之。

——《道德经》第七十七章

〔注 释〕

抑：降低。举：向上抬，向上托。馀：多出的。损：减少，亏损。

〔译 文〕

天下的规律，难道不像张弓射箭一样吗？箭抬得过高就压低些，箭压得过低就抬高些；弓拉得过满就放松些，弓拉得太松就绷紧些。

〔今 悟〕

拉弓射箭要高下适中、松紧有度，这既体现了平衡折中的思想方法，也形象地指明了解决问题的操作办法。凡事都要避免走极端，意欲妥善化解难题，在矛盾双方之间找到一个平衡点不失为良策。

天之道其猶張弓乎高者抑之下者舉之有
餘者損之不足者補之天之道損有餘以補不
足人之道則不然損不足以奉有餘孰能損

为而不恃，功成而不处，其不欲见贤。

——《道德经》第七十七章

〔注 释〕

恃：依赖，依仗。处：拥有，居有。贤：有德行，有才能。

〔译 文〕

有作为而不自恃，有功劳而不自居，不愿意显露自己的贤能。

〔今 悟〕

有作为而不恃才傲物，有功劳而不居功自傲，有才华而不显摆炫耀。谦虚谨慎，含而不露。这是低调做人的行事风格，是大家高手的处世风范，也是得道之人的寻常境界。

有餘以奉不足於天下唯有道者是以聖人
為而不恃功成不處其不欲見賢耶
天下莫柔弱於水而攻堅強者莫之能勝以其
無以易之故柔勝剛弱勝強天下莫不知而莫

弱之胜强，柔之胜刚，天下莫不知，而莫能行。

——《道德经》第七十八章

〔注 释〕

莫：没有，不要，不。

〔译 文〕

弱能胜强、柔能胜刚的道理，天下人没有不知道的，但没有人能够做到。

〔今 悟〕

弱能胜强、柔能克刚的道理尽人皆知，但很少有人能够践行。正所谓知易行难。“行难”不仅在于客观上存在诸多困难和障碍，而且囿于主观上缺乏克服困难的胆量和勇气，缺乏变被动为主动、化不利为有利的智慧和谋略。

能行是以聖人云受國之垢是謂社稷主受國
不祥是謂天下王正言若反
和大怨必有餘怨安可以為善是以聖人執左

天道无亲，常与善人。

——《道德经》第七十九章

〔注 释〕

天道：自然规律。无亲：没有偏亲偏爱。善人：顺应自然规律的得道之人。

〔译 文〕

自然规律对天下人都是公平的，没有亲疏远近之分，但时常眷顾顺应自然的得道之人。

〔今 悟〕

“天道无亲，常与善人”，何以做“善人”？何以得“天道”眷顾？按照老子的定义，“善人”即顺应自然规律之人。在当下物质发达、信息爆炸的社会，比以往任何时候都更加需要顺应自然、亲近自然、回归本源，比以往任何时候都更加需要认知规律、遵从规律、顺其自然。如此，“天道”必会眷顾之。

契而不責於人故有德司契無德司徹天道
無親常與善人
小國寡民使民有什伯之器而不用使民重死

甘其食，美其服，安其居，乐其俗。

——《道德经》第八十章

〔**注 释**〕

甘：味美，香甜。俗：风俗，习俗。

〔**译 文**〕

吃得可口，穿得漂亮，住得安逸，按照喜欢的习俗生活。

〔**今 悟**〕

“甘其食，美其服，安其居，乐其俗”，是老子追求的理想社会。返璞归真，简单自然，宁静祥和，自得其乐，是一种幸福观。淡饭舒衣，乐业安居，生态良好，人文延绵，为世人所向往。

而不遠徙雖有舟車無所乘之雖有甲兵無
所陳之使民復結繩而用之甘其食美其服
安其居樂其俗鄰國相望雞犬之聲相聞

信言不美，美言不信。

——《道德经》第八十一章

〔注 释〕

信：真实，诚实，真诚。美：美丽，美好。

〔译 文〕

真诚的话不一定美丽动听，美丽动听的话不一定真诚。

〔今 悟〕

“信言不美，美言不信。”其意为：真诚的话不一定美丽动听，美丽动听的话不一定真诚。忠言逆耳，良药苦口，懂得这个道理并不难。难能可贵的是：营造广开言路的氛围，有辨识“信言”和“美言”的能力，有听得进逆耳忠言的胸襟。

民至老死不相往来
信言不美美言不信善者不辯辯者不善
知者不博博者不知聖人無積既以為人已愈

善者不辩，辩者不善。

——《道德经》第八十一章

〔注 释〕

善：善良，良好。辩：辩论，狡辩。

〔译 文〕

忠厚善良的人往往不巧辩。巧言善辩的人往往不够忠厚善良。

〔今 悟〕

“善者不辩，辩者不善”，既是识人之法，又是行为导向。识人之法：听其言，观其行，言行如一。行为导向：待人以诚，接物以容，执事以敬。

既以與人己愈多天之道利而不害人之道

爲而不争

老子終

知者不博，博者不知。

——《道德经》第八十一章

〔注 释〕

知：知道，研究。博：广，大，多。

〔译 文〕

真正有研究的人知识不一定广博，而知识广博的人不一定研究得深入。

〔今 悟〕

“知者不博，博者不知”，这是一个关于专精和广博的话题。不论专精还是广博，都与读书多寡、见识广狭、术业高下、治学严宽有关。学思践悟，是从业之本、修身之课、人生之乐。为政者宜实，经商者宜达，从技者宜精，治学者宜深。

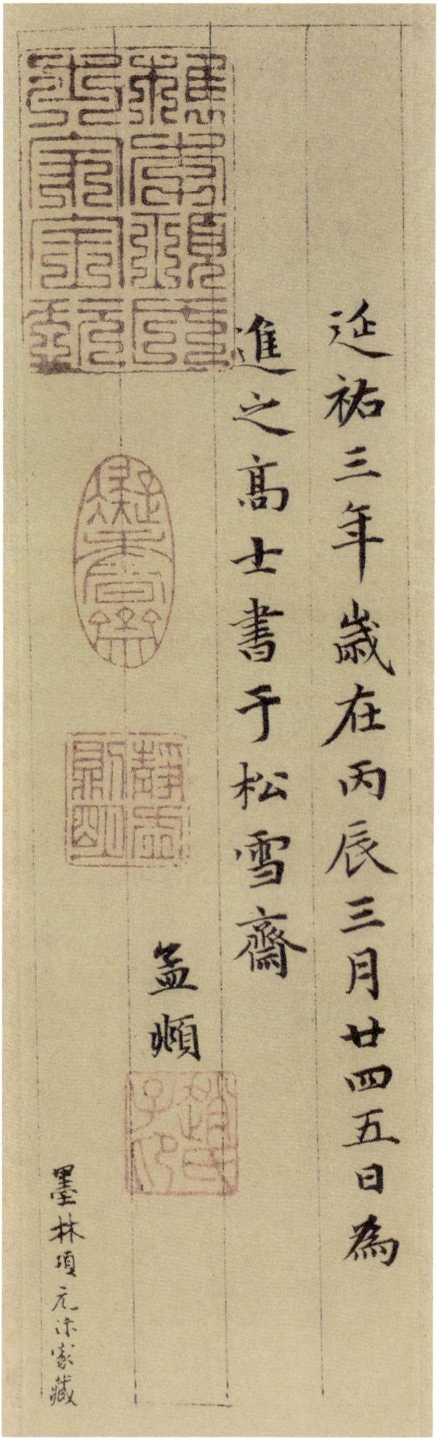
延祐三年歲在丙辰三月廿四五日為
進之高士書于松雪齋
孟頫
墨林項元汴家藏

元代　赵孟頫　小楷《道德经》

天之道，利而不害。圣人之道，为而不争。

——《道德经》第八十一章

〔注 释〕

利：利益。害：祸害，害处。

〔译 文〕

大自然的规律是抚育万物有益而无害，圣明之人的准则是有所作为而不争名取利。

〔今 悟〕

知道、悟道、行道是《道德经》的要旨。“天之道，利而不害。圣人之道，为而不争”是老子对行道的具体阐释，告诉人们大自然的规律是抚育万物有益而无害，圣明之人的准则是有所作为而不争名取利。它给予今人的启示：于大而言，尊重自然，顺应规律，有所作为；于小而言，尚学尚俭，自信自立，互助互爱。

附：

老子《道德经》

第一章

道可道，非常道；名可名，非常名。无，名天地之始；有，名万物之母。故常无，欲以观其妙；常有，欲以观其徼。此两者，同出而异名，同谓之玄。玄之又玄，众妙之门。

第二章

天下皆知美之为美，斯恶已；皆知善之为善，斯不善已。有无相生，难易相成，长短相形，高下相盈，音声相和，前后相随，恒也。是以圣人处无为之事，行不言之教；万物作而弗始，生而弗有，为而弗恃，功成而弗居。夫唯弗居，是以不去。

第三章

不尚贤，使民不争；不贵难得之货，使民不为盗；不见可欲，使民心不乱。是以圣人之治，虚其心，实其腹；弱其志，强其骨。常使民无知无欲。使夫智者不敢为也。为无为，则无不治。

第四章

道冲，而用之或不盈。渊兮，似万物之宗；挫其锐，解其纷，和其光，同其尘；湛兮，似或存。吾不知谁之子，象帝之先。

第五章

天地不仁，以万物为刍狗；圣人不仁，以百姓为刍狗。天地之间，其犹橐籥乎？虚而不屈，动而愈出。多言数穷，不如守中。

第六章

谷神不死，是谓玄牝。玄牝之门，是谓天地根。绵绵若存，用之不勤。

第七章

天长地久。天地所以能长且久者，以其不自生，故能长生。是以圣人后其身而身先，外其身而身存。非以其无私邪？故能成其私。

第八章

上善若水。水善利万物而不争，处众人之所恶，故几于道。居善地，心善渊，与善仁，言善信，政善治，事善能，动善时。夫唯不争，故无尤。

第九章

持而盈之，不如其已；揣而锐之，不可长保。金玉满堂，莫之能守；富贵而骄，自遗其咎。功遂身退，天之道也。

第十章

载营魄抱一，能无离乎？专气致柔，能如婴儿乎？涤除玄鉴，能无疵乎？爱民治国，能无为乎？天门开阖，能为雌乎？明白四达，能无知乎？生之畜之。生而不有，为而不恃，长而不宰，是谓玄德。

第十一章

三十辐共一毂，当其无，有车之用。埏埴以为器，当其无，有器之用。凿户牖以为室，当其无，有室之用。故有之以为利，无之以为用。

第十二章

五色令人目盲；五音令人耳聋；五味令人口爽；驰骋畋猎，令人心发狂；难得之货，令人行妨。是以圣人为腹不为目，故去彼取此。

第十三章

宠辱若惊，贵大患若身。何谓宠辱若惊？宠为下，得之若惊，失之若惊，是谓宠辱若惊。何谓贵大患若身？吾所以有大患者，为吾有身，及吾无身，吾有何患？故贵以身为天下，若可寄天下；爱以身为天下，若可托天下。

第十四章

视之不见，名曰夷；听之不闻，名曰希；搏之不得，名曰微。此三者不可致诘，故混而为一。其上不皦，其下不昧。绳绳兮不可名，复归于无物。是谓无状之状，无物之象，是谓惚恍。迎之不见其首；随之不见其后。执古之道，以御今之有。能知古始，是谓道纪。

第十五章

古之善为道者，微妙玄通，深不可识。夫唯不可识，故强为之容：豫兮若冬涉川；犹兮若畏四邻；俨兮其若客；涣兮其若凌释；敦兮其若朴；旷兮其若谷；混兮其若浊；澹兮其若海；飂兮若无止。孰能浊以静之徐清；孰能安以动之徐生。保此道者，不欲盈。夫唯不盈，故能蔽而新成。

第十六章

致虚极，守静笃。万物并作，吾以观复。夫物芸芸，各复归其根。归根曰静，静曰复命。复命曰常，知常曰明。不知常，妄作凶。知常容，容乃公，公乃全，全乃天，天乃道，道乃久，没身不殆。

第十七章

太上，不知有之；其次，亲而誉之；其次，畏之；其次，侮之。信不足焉，有不信焉。悠兮其贵言。功成事遂，百姓皆谓我自然。

第十八章

大道废，有仁义；慧智出，有大伪；六亲不和，有孝慈；国家昏乱，有忠臣。

第十九章

绝圣弃智，民利百倍；绝仁弃义，民复孝慈；绝巧弃利，盗贼无有。此三者以为文，不足。故令有所属：见素抱朴，少私寡欲，绝学无忧。

第二十章

唯之与阿，相去几何？善之与恶，相去若何？人之所畏，不可不畏。荒兮，其未央哉！众人熙熙，如享太牢，如春登台。我独泊兮，其未兆；沌沌兮，如婴儿之未孩；儽儽兮，若无所归。众人皆有余，而我独若遗。我愚人之心也哉！俗人昭昭，我独昏昏；俗人察察，我独闷闷。众人皆有以，而我独顽且鄙。我独异于人，而贵食母。

第二十一章

孔德之容，惟道是从。道之为物，惟恍惟惚。惚兮恍兮，其中有象；恍兮惚兮，其中有物。窈兮冥兮，其中有精；其精甚真，其中有信。自古及今，其名不去，以阅众甫。吾何以知众甫之状哉？以此。

第二十二章

曲则全，枉则直，窪则盈，敝则新，少则得，多则惑。是以圣人抱一为天下式。不自见，故明；不自是，故彰；不自伐，故有功；不自矜，故长。夫唯不争，故天下莫能与之争。古之所谓曲则全者，岂虚言哉！诚全而归之。

第二十三章

希言自然。故飘风不终朝，骤雨不终日。孰为此者？天地。天地尚不能久，而况于人乎？故从事于道者，同于道；德者，同于德；失者，同于失。同于道者，道亦乐得之；同于德者，德亦乐得之；同于失者，失亦乐得之。信不足焉，有不信焉。

第二十四章

企者不立；跨者不行；自见者不明；自是者不彰；自伐者无功；自矜者不长。其在道也，曰：余食赘行。物或恶之，故有道者不处。

第二十五章

有物混成，先天地生。寂兮寥兮，独立而不改，周行而不殆，可以为天下母。吾不知其名，强字之曰道，强为之名曰大。大曰逝，逝曰远，远曰反。故道大，天大，地大，人亦大。域中有四大，而人居其一焉。人法地，地法天，天法道，道法自然。

第二十六章

重为轻根，静为躁君。是以君子终日行不离辎重。虽有荣观，燕处超然。奈何万乘之主，而以身轻天下？轻则失根，躁则失君。

第二十七章

善行无辙迹；善言无瑕谪；善数不用筹策；善闭无关楗而不可开；善结无绳约而不可解。是以圣人常善救人，故无弃人；常善救物，故无弃物，是谓袭明。故善人者，不善人之师；不善人者，善人之资。不贵其师，不爱其资，虽智大迷，是谓要妙。

第二十八章

知其雄，守其雌，为天下溪。为天下溪，常德不离，复归于婴儿。知其白，守其黑，为天下式。为天下式，常德不忒，复归于无极。知其荣，守其辱，为天下谷。为天下谷，常德乃足，复归于朴。朴散则为器，圣人用之，则为官长。故大制不割。

第二十九章

将欲取天下而为之，吾见其不得已。天下神器，不可为也，不可执也。为者败之，执者失之。是以圣人无为故无败，无执故无失。夫物或行或随；或歔或吹；或强或羸；或挫或隳。是以圣人去甚，去奢，去泰。

第三十章

以道佐人主者，不以兵强天下。其事好还。师之所处，荆棘生焉。大军之后，必有凶年。善有果而已，不敢以取强。果而勿矜，果而勿伐，果而勿骄，果而不得已，果而勿强。物壮则老，是谓不道，不道早已。

第三十一章

夫兵者，不祥之器，物或恶之，故有道者不处。君子居则贵左，用兵则贵右。兵者，不祥之器，非君子之器，不得已而用之，恬淡为上。胜而不美，而美之者，是乐杀人。夫乐杀人者，则不可得志于天下矣。吉事尚左，凶事尚右。偏将军居左，上将军居右。言以丧礼处之。杀人之众，以悲哀泣之，战胜以丧礼处之。

第三十二章

道常无名、朴。虽小，天下莫能臣。侯王若能守之，万物将自宾。天地相合，以降甘露，民莫之令而自均。始制有名，名亦既有，夫亦将知止，知止可以不殆。譬道之在天下，犹川谷之于江海。

第三十三章

知人者智，自知者明。胜人者有力，自胜者强。知足者富。强行者有志。不失其所者久。死而不亡者寿。

第三十四章

大道泛兮，其可左右。万物恃之以生而不辞，功成而不有。衣养万物而不为主，常无欲，可名于小；万物归焉而不为主，可名为大。以其终不自为大，故能成其大。

第三十五章

执大象，天下往。往而不害，安平太。乐与饵，过客止。道之出口，淡乎其无味，视之不足见，听之不足闻，用之不足既。

第三十六章

将欲歙之，必固张之；将欲弱之，必固强之；将欲废之，必固兴之；将欲取之，必固与之。是谓微明。柔弱胜刚强。鱼不可脱于渊，国之利器不可以示人。

第三十七章

道常无为而无不为。侯王若能守之，万物将自化。化而欲作，吾将镇之以无名之朴。镇之以无名之朴，夫将无欲。不欲以静，天下将自正。

第三十八章

上德不德，是以有德；下德不失德，是以无德。上德无为而无以为；下德无为而有以为。上仁为之而无以为；上义为之而有以为。上礼为之而莫之应，则攘臂而扔之。故失道而后德，失德而后仁，失仁而后义，失义而后礼。夫礼者，忠信之薄，而乱之首。前识者，道之华，而愚之始。是以大丈夫处其厚，不居其薄；处其实，不居其华。故去彼取此。

第三十九章

昔之得一者：天得一以清；地得一以宁；神得一以灵；谷得一以盈；万物得一以生；侯王得一以为天下正。其致之也，谓天无以清，将恐裂；地无以宁，将恐发；神无以灵，将恐歇；谷无以盈，将恐竭；万物无以生，将恐灭；侯王无以正，将恐蹶。故贵以贱为本，高以下为基。是以侯王自称孤、寡、不縠。此非以贱为本邪？非乎？故致誉无誉。是故不欲琭琭如玉，珞珞如石。

第四十章

反者道之动；弱者道之用。天下万物生于有，有生于无。

第四十一章

上士闻道，勤而行之；中士闻道，若存若亡；下士闻道，大笑之。不笑不足以为道。故建言有之：明道若昧；进道若退；夷道若纇；上德若谷；广德若不足；建德若偷；质真若渝；大白若辱；大方无隅；大器晚成；大音希声；大象无形；道隐无名。夫唯道，善贷且成。

第四十二章

道生一,一生二,二生三,三生万物。万物负阴而抱阳，冲气以为和。人之所恶，唯孤、寡、不穀，而王公以为称。故物或损之而益，或益之而损。人之所教，我亦教之。强梁者不得其死，吾将以为教父。

第四十三章

天下之至柔，驰骋天下之至坚。无有入无间，吾是以知无为之有益。不言之教，无为之益，天下希及之。

第四十四章

名与身孰亲？身与货孰多？得与亡孰病？甚爱必大费；多藏必厚亡。故知足不辱，知止不殆，可以长久。

第四十五章

大成若缺，其用不弊。大盈若冲，其用不穷。大直若屈，大巧若拙，大辩若讷。静胜躁，寒胜热。清静为天下正。

第四十六章

天下有道，却走马以粪。天下无道，戎马生于郊。祸莫大于不知足；咎莫大于欲得。故知足之足，常足矣。

第四十七章

不出户，知天下；不窥牖，见天道。其出弥远，其知弥少。是以圣人不行而知，不见而名，不为而成。

第四十八章

为学日益，为道日损。损之又损，以至于无为。无为而无不为。取天下常以无事，及其有事，不足以取天下。

第四十九章

圣人无常心，以百姓心为心。善者，吾善之；不善者，吾亦善之；德善。信者，吾信之；不信者，吾亦信之；德信。圣人在天下，歙歙焉，为天下浑其心。百姓皆注其耳目，圣人皆孩之。

第五十章

出生入死。生之徒，十有三；死之徒，十有三；人之生，动之于死地，亦十有三。夫何故？以其生生之厚。盖闻善摄生者，陆行不遇兕虎，入军不被甲兵；兕无所投其角，虎无所措其爪，兵无所容其刃。夫何故？以其无死地。

第五十一章

道生之，德畜之，物形之，势成之。是以万物莫不尊道而贵德。道之尊，德之贵，夫莫之命而常自然。故道生之，德畜之；长之育之；亭之毒之；养之覆之。生而不有，为而不恃，长而不宰。是谓玄德。

第五十二章

天下有始，以为天下母。既得其母，以知其子；既知其子，复守其母，没身不殆。塞其兑，闭其门，终身不勤。开其兑，济其事，终身不救。见小曰明，守柔曰强。用其光，复归其明，无遗身殃。是为袭常。

第五十三章

使我介然有知，行于大道，唯施是畏。大道甚夷，而人好径。朝甚除，田甚芜，仓甚虚；服文彩，带利剑，厌饮食，财货有余。是为盗夸。非道也哉！

第五十四章

善建者不拔，善抱者不脱，子孙以祭祀不辍。修之于身，其德乃真；修之于家，其德乃余；修之于乡，其德乃长；修之于邦，其德乃丰；修之于天下，其德乃普。故以身观身，以家观家，以乡观乡，以邦观邦，以天下观天下。吾何以知天下然哉？以此。

第五十五章

含德之厚，比于赤子。毒虫不螫，猛兽不据，攫鸟不搏。骨弱筋柔而握固。未知牝牡之合而朘作，精之至也。终日号而不嗄，和之至也。知和曰常，知常曰明。益生曰祥。心使气曰强。物壮则老，谓之不道，不道早已。

第五十六章

知者不言，言者不知。塞其兑，闭其门，挫其锐，解其纷，和其光，同其尘，是谓玄同。故不可得而亲，不可得而疏；不可得而利，不可得而害；不可得而贵，不可得而贱。故为天下贵。

第五十七章

以正治国，以奇用兵，以无事取天下。吾何以知其然哉？以此：天下多忌讳，而民弥贫；人多利器，国家滋昏；人多伎巧，奇物滋起；法令滋彰，盗贼多有。故圣人云："我无为，而民自化；我好静，而民自正；我无事，而民自富；我无欲，而民自朴。"

第五十八章

其政闷闷，其民淳淳；其政察察，其民缺缺。祸兮，福之所倚；福兮，祸之所伏。孰知其极？其无正也。正复为奇，善复为妖。人之迷，其日固久。是以圣人方而不割，廉而不刿，直而不肆，光而不耀。

第五十九章

治人事天，莫若啬。夫唯啬，是谓早服；早服谓之重积德；重积德则无不克；无不克则莫知其极；莫知其极，可以有国；有国之母，可以长久；是谓深根固柢，长生久视之道。

第六十章

治大国，若烹小鲜。以道莅天下，其鬼不神；非其鬼不神，其神不伤人；非其神不伤人，圣人亦不伤人。夫两不相伤，故德交归焉。

第六十一章

大邦者下流，天下之牝，天下之交也。牝常以静胜牡，以静为下。故大邦以下小邦，则取小邦；小邦以下大邦，则取大邦。故或下以取，或下而取。大邦不过欲兼畜人，小邦不过欲入事人。夫两者各得其所欲，大者宜为下。

第六十二章

道者万物之奥。善人之宝，不善人之所保。美言可以市尊，美行可以加人。人之不善，何弃之有？故立天子，置三公，虽有拱璧以先驷马，不如坐进此道。古之所以贵此道者何？不曰：求以得，有罪以免邪？故为天下贵。

第六十三章

为无为，事无事，味无味。大小多少，报怨以德。图难于其易，为大于其细；天下难事，必作于易，天下大事，必作于细。是以圣人终不为大，故能成其大。夫轻诺必寡信，多易必多难。是以圣人犹难之，故终无难矣。

第六十四章

其安易持，其未兆易谋。其脆易泮，其微易散。为之于未有，治之于未乱。合抱之木，生于毫末；九层之台，起于累土；千里之行，始于足下。民之从事，常于几成而败之。慎终如始，则无败事。是以圣人欲不欲，不贵难得之货；学不学，复众人之所过，以辅万物之自然而不敢为。

第六十五章

古之善为道者，非以明民，将以愚之。民之难治，以其智多。故以智治国，国之贼；不以智治国，国之福。知此两者亦稽式。常知稽式，是谓玄德。玄德深矣，远矣，与物反矣，然后乃至大顺。

第六十六章

江海所以能为百谷王者，以其善下之，故能为百谷王。是以圣人欲上民，必以言下之；欲先民，必以身后之。是以圣人处上而民不重，处前而民不害。是以天下乐推而不厌。以其不争，故天下莫能与之争。

第六十七章

天下皆谓我：道大，似不肖。夫唯大，故似不肖。若肖，久矣其细也夫。我有三宝，持而保之。一曰慈，二曰俭，三曰不敢为天下先。慈，故能勇；俭，故能广；不敢为天下先，故能成器长。今舍慈且勇；舍俭且广；舍后且先；死矣！夫慈，以战则胜，以守则固。天将救之，以慈卫之。

第六十八章

善为士者，不武；善战者，不怒；善胜敌者，不与；善用人者，为之下。是谓不争之德，是谓用人之力，是谓配天古之极。

第六十九章

用兵有言：吾不敢为主，而为客；不敢进寸，而退尺。是谓行无行；攘无臂；扔无敌；执无兵。祸莫大于轻敌，轻敌几丧吾宝。故抗兵相若，哀者胜矣。

第七十章

吾言甚易知，甚易行。天下莫能知，莫能行。言有宗，事有君。夫唯无知，是以不我知。知我者希，则我者贵。是以圣人被褐而怀玉。

第七十一章

知不知，尚矣；不知知，病也。圣人不病，以其病病。夫唯病病，是以不病。

第七十二章

民不畏威，则大威至。无狎其所居，无厌其所生。夫唯不厌，是以不厌。是以圣人自知不自见；自爱不自贵。故去彼取此。

第七十三章

勇于敢则杀，勇于不敢则活。此两者，或利或害。天之所恶，孰知其故？是以圣人犹难之。天之道，不争而善胜，不言而善应，不召而自来，绰然而善谋。天网恢恢，疏而不失。

第七十四章

民不畏死，奈何以死惧之？若使民常畏死，而为奇者，吾得执而杀之，孰敢？常有司杀者杀。夫代司杀者杀，是谓代大匠斫。夫代大匠斫者，希有不伤其手矣。

第七十五章

民之饥，以其上食税之多，是以饥。民之难治，以其上之有为，是以难治。民之轻死，以其上求生之厚，是以轻死。夫唯无以生为者，是贤于贵生。

第七十六章

人之生也柔弱，其死也坚强。草木之生也柔脆，其死也枯槁。故坚强者死之徒，柔弱者生之徒。是以兵强则灭，木强则折。强大处下，柔弱处上。

第七十七章

天之道，其犹张弓与？高者抑之，下者举之；有余者损之，不足者补之。天之道，损有余而补不足。人之道则不然，损不足以奉有余。孰能有余以奉天下？唯有道者。是以圣人为而不恃，功成而不处，其不欲见贤。

第七十八章

天下莫柔弱于水，而攻坚强者莫之能胜，以其无以易之。弱之胜强，柔之胜刚，天下莫不知，莫能行。是以圣人云：受国之垢，是谓社稷主；受国不祥，是为天下王。正言若反。

第七十九章

和大怨，必有余怨；报怨以德，安可以为善？是以圣人执左契，而不责于人。有德司契，无德司彻。天道无亲，常与善人。

第八十章

小国寡民。使有什伯之器而不用；使民重死而不远徙。虽有舟舆，无所乘之；虽有甲兵，无所陈之。使民复结绳而用之。甘其食，美其服，安其居，乐其俗。邻国相望，鸡犬之声相闻，民至老死，不相往来。

第八十一章

信言不美，美言不信。善者不辩，辩者不善。知者不博，博者不知。圣人不积，既以为人己愈有，既以与人己愈多。天之道，利而不害；人之道，为而不争。

（《道德经》原文录自陈鼓应《老子注译及评介》，
中华书局，1984年5月第1版）

后 记

《智无止境——〈道德经〉名句今悟》，原本只是周末问候友人同事的短信闲篇，今日得以登上大雅之堂有赖于多方帮助。

梅建平先生在奔波于北、上、深等地从事商学院教书育人，往来于海内外推广国粹京剧的百忙之中，为本书提笔作序，实为本人的荣幸。承蒙青岛出版集团的抬爱，本书得以付梓，编辑表现出的专业水准值得称道。

近两年来，我撰写编发的每周一句“老子曰”短信和微信，有幸得到诸多师友的鼓励和指教。有的师友在连续两年的新春问候短信中都诚嘱我不要中断撰写每周一句“老子曰”，有的师友则常以《道德经》名句中的词眼为题赋诗作答，有的师友发来了“老子曰再悟”交流心得……师友们的支持令作者获得了写作动力和思考提升，在此对所有鼓励、支持和帮助我的良师益友表示衷心感谢。还要感谢本书的第一读者——我家人所给予的热忱支持。

“天道无亲，常与善人。”让我们在感悟和享受老子思想智慧中愉快地工作和生活。

敬人

2019年3月2日于沪上

第二版修改说明

拙作自付梓以来，得到了不少读者的鼓励和肯定。为回馈读者，借第二版印刷之际，对书中个别文字表述作了订正和修改，重新撰写了《道德经》第九章中的“揣而锐之，不可长保”和第六十九章中的“祸莫大于轻敌”两条今悟。同时，增加了第四十章中的“反者道之动，弱者道之用”、第四十五章中的“大成若缺，其用不弊。大盈若冲，其用不穷”、第五十四章中的“善建者不拔，善抱者不脱”、第六十二章中的“美言可以市尊，美行可以加人”、第六十六章中的“江海所以能为百谷王者，以其善下之，故能为百谷王”等5条感悟。这样，《智无止境——〈道德经〉名句今悟》就有了100条。特此说明。

敬人

2019年季夏于上海

图书在版编目（CIP）数据

智无止境：《道德经》名句今悟 / 敬人著．-- 青岛：青岛出版社，2019.3
ISBN 978-7-5552-8069-9

Ⅰ．①智… Ⅱ．①敬… Ⅲ．①道家②《道德经》—注释
③《道德经》—译文 Ⅳ．① B223.1

中国版本图书馆 CIP 数据核字（2019）第 040133 号

小楷书法　元·赵孟頫
封底篆刻　李骆公
扉页篆刻　陈礼忠

书　　名　智无止境——《道德经》名句今悟
著　　者　敬　人
出版发行　青岛出版社
社　　址　青岛市海尔路 182 号（266061）
本社网址　http://www.qdpub.com
邮购电话　0532- 68068091
策划编辑　刘　咏
责任编辑　董建国
装帧设计　祝玉华
照　　排　光合时代
印　　刷　北京雅昌艺术印刷有限公司
出版日期　2022 年 6 月第 5 版　2022 年 6 月第 5 次印刷
开　　本　32 开（889mm × 1194mm）
印　　张　7.75
字　　数　110 千
图　　数　100 幅
书　　号　ISBN 978-7-5552-8069-9
定　　价　78.00 元

编校印装质量、盗版监督服务电话：4006532017　0532-68068050